Dédicace

Ce livre est dédié à la mémoire d'Alexandre Bourguignon, connu sous le nom de guerre de Ferrant III de Lanthenac, baron de Sept-Font.

Combattant féroce, fine lame, chorégraphe talentueux et metteur en scène hors pair, il nous a quittés à l'âge de 41 ans.

Précurseur dans la recherche sur les Arts Martiaux Historiques Européens (AMHE), reconstitueur chevronné et combattant médiéval d'une compétence inégalée, son souvenir demeure vivace.

En application de l'art. L.137-2.-I. du code de la propriété intellectuelle, toute reproduction et/ou divulgation de parties de l'œuvre dépassant le volume prévu par la loi est expressément interdite.

© Michael Müller-Hewer, 2025

Relecture : Céline David
Correction : Christine Saupagna Isler

Édition : BoD · Books on Demand, 31 avenue Saint-Rémy, 57600 Forbach, bod@bod.fr
Impression : Libri Plureos GmbH, Friedensallee 273, 22763 Hambourg (Allemagne)

ISBN : 978-2-8106-2127-9
Dépôt légal : Février 2025

Je tiens à remercier Céline et Christine pour l'effort considérable qu'elles ont fourni pour corriger et reformuler certaines idées qui n'étaient pas très claires ...

Escrime scénique :

Guide de combat médiéval

Sommaire

Avant tout 7
Préface – Philippe Penguy 15

Acte 1 : L'histoire du combat

Art de combat au Moyen Age 19
Traités historiques 25
    Le Jeux de la Hache 29
    MS I.33 (manuscrit de Walpurgis) 30
    Johannes Liechtenauer 33
    Fiore Dei Liberi 34
    Hans Talhoffer 35
    Paul Hector Mair 39
    Joachim Meyer 41
Escrime de taille ou d'estoc ? 45

Acte 2 : La Chorégraphie

L'espace scénique 53
    Théâtre dit « à l'italienne » 55
    Le théâtre grec 59
    L'arène – le cirque – le Colisée 59
    Le spectacle vivant (le spectacle de rue) 62
Combat chorégraphié ou combat scénarisé ? 67
    Le combat scénarisé 68
    Le combat chorégraphié 69
    Création et répétition de la chorégraphie de combat 71
    Mise en scènes des batailles 74
    La chorégraphie d'un duel 77
La peur devant la non-action 83
    Le rapport entre action et tension 84
    Le point de suspension de l'action 86
La réalité martiale 89
    Réalisme scénarisé et improvisation 90
    Soldats et civils : deux réalités 91
    Réalité martiale vs réalisme du combat 91
    Que cherchent les spectateurs ? 92

Ce que le spectateur ne peut pas voir, ce qu'il peut voir et ce qu'il est prêt à voir.	93
Ce que le spectateur peut ou ne peut pas voir	94
Ce que le spectateur ne peut pas voir : l'exemple des lames	96
Ce que le spectateur peut voir et ce qui passe mal	98
La sécurité dans l'escrime scénique	101
Sécurité active et passive	102
Les distances	102
Comment définir la distance entre deux combattants ?	103
Comment arrêter un coup de taille ?	104
L'importance de l'angle naturel	105
L'objectif de l'attaque et l'utilité de l'allongement du bras à la fin d'un coup	106
Le coup d'estoc	107
Les esquives	108
Menacer son partenaire	111
Les désarmements	112
Les chutes	114
Des armes dites « sécurisées »	119
La construction d'un combat	123
Les cibles d'attaque	123
Les postures de garde	124
Les coups	127
La tactique du combat et son utilisation pour la chorégraphie	129
Comment s'approcher d'un adversaire ?	132
Le combat rapproché	133
La lutte	134
Exemples d'enchaînements	134

Acte 3 : Quelle arme pour le spectacle ?

L'épée dite médiévale	139
Caractéristiques générales de l'épée	139
Historique et évolution	141
Types d'épées médiévales	142
Comment tenir l'épée ?	144
Les épées en aluminium	148
Le maniement de l'épée	151
Les coups de taille de base	153

Le tranchant et le contre-tranchant, le plat et le faux plat	155
Résumé historique	156
Le grand bâton	157
Le bâton français	159
Le bâton à deux bouts	162
Le bouclier, quelques généralités de son utilisation ...	165
Formes et usages des boucliers	166
Comment tenir le bouclier	170
La position de combat avec un bouclier	171
Les sept positions élémentaires et les positions spéciales	172
Comment se battre avec un bouclier	175
Comment utiliser le bouclier en spectacle	177
Le bouclier de duel	181
Caractéristiques du bouclier de duel	182
Techniques et utilisation	183
Un usage réservé aux duels	184
Dans la chorégraphie	185
La hache noble (hache de guerre)	187
Quelques exemples du maniement de la hache par Peter Falkner	189
Les armes d'hast	192
La lutte	197
Préparation	198
Position de base	200
Exemples d'actions adaptées à la chorégraphie	201
Intégration dans une chorégraphie	203
Le combat en armure	205
L'armure : une seconde peau	206
Les armes du chevalier en armure	207
Le déroulement des duels en armure	207
Le combat en armure dans les tournois	210

Acte 4 : Annexes

Glossaire des termes allemands d'escrime médiévale ...	215
Sources et bibliographie	233
Liste des images	237

Avant tout

Lorsque, dans les années 1980, j'ai commencé à apprendre l'escrime de spectacle ou l'escrime ancienne à la Cité Universitaire de Paris avec Maître Heddle-Robot, que tout le monde appelait « Bob », notre connaissance du combat médiéval était encore rudimentaire. Les paroles de nos maîtres d'armes faisaient autorité, notre confiance en leurs connaissances était encore intacte.

L'image classique du chevalier, à l'époque, était celle d'une « *grosse brute frappant tout ce qui bouge sans technique, avec des armes démesurément lourdes* ». Ce n'est que bien plus tard que j'ai réalisé à quel point les connaissances historiques de nos maîtres étaient souvent peu développées. Et ceux qui avaient accès aux quelques copies qui circulaient les gardaient jalousement. Mon vieux maître Bob ne faisait pas exception. Un jour, j'ai découvert dans sa bibliothèque personnelle la copie d'un manuscrit de Fiore dei Liberi datant de 1410.

En réalité, la plupart de nos professeurs de l'époque ne juraient que par un seul traité, qu'ils n'avaient souvent lu que superficiellement : « Schools and Masters of Fencing » d'Egerton Castle[1], traduit par Albert Fierlants[2] en 1888. Le livre commençait ainsi son premier chapitre : « Quelque

---

[1] Schools and Masters of Fencing, Egerton Castle, London 1885
[2] Escrime et les escrimeurs, Egerton Castle, Traduction A. Fierlants, Paris, 1888

paradoxal que cela paraisse, c'est l'invention des armes à feu qui fut la première cause du développement de l'art de l'escrime. L'histoire de l'escrime ne commence donc pas avant le XVe siècle. »

Cette hypothèse a été reprise par le maître d'armes Pierre Lacaze, ancien président de l'AAF, dans son livre *Histoire de l'escrime*[3] (1971) et dans son livret populaire *En garde*[4] (1991) : « Etant donné le poids des armes, la technique était fondée sur la puissance musculaire. Il n'y avait ni école, ni méthode. »

Aujourd'hui, nous savons que ce ne sont pas les armes à feu qui ont sonné le glas des armures et de la chevalerie, et qu'il existait bel et bien un art du combat avant le XVe siècle.

Telle était la situation à la fin des années 1980. Ces deux citations résument à elles seules les connaissances de l'époque sur le Moyen Âge, à quelques exceptions près. Pour nos scènes de combat, nous nous sommes donc naturellement tournés vers l'escrime moderne.

Un autre défi était l'acquisition des armes. Au début des années 1990, il y avait peu de fabricants d'épées médiévales adaptées au combat en Europe. J'avais entendu parler d'un fabricant anglais onéreux, de « Del Tin » en Italie, également cher, et notre salle d'armes entretenait de bonnes relations avec « France Lame », qui n'existe plus aujourd'hui. Une troupe de saltimbanques du Jura français,

---

[3] L'Histoire de l'escrime, Pierre Lacaze, Editions Estienne 1971
[4] En garde, Du duel à l'escrime, Pierre Lacaze, Découvertes Gallimard, 1991

« Les Chevaliers du Franche-Comté », a commencé à se fabriquer des épées à partir de lames de ressort de camion. Pour nos premières représentations médiévales, nous avons pu acquérir deux de leurs épées longues, pesant chacune 8 kg.

En 1991, j'étais acteur et cascadeur dans « La Chanson de Roland » à Avignon. Sans entrer dans les détails du déroulement catastrophique de cette pièce de théâtre, quelqu'un avait eu l'idée de faire fabriquer des épées et des boucliers en tôle d'acier dans des écoles professionnelles. Les épées étaient magnifiques, parfois bien équilibrées, pesaient environ 1,5 kilogrammes et étaient étonnamment résistantes. C'étaient jusqu'alors les meilleures épées médiévales que j'utilisais lors de mes représentations.

La situation n'a changé qu'à la fin des années 1990, lorsque des forgerons, principalement tchèques, ont commencé à produire des épées adaptées aux combats de spectacle à des prix abordables. Les lames étaient découpées dans des plaques d'acier, ce qui réduisait considérablement les coûts de production. C'est ainsi que j'ai payé l'équivalent de 350 € pour deux épées à une main et deux épées bâtardes chez Jiri Krondak. Ces armes ont survécu à des centaines d'heures d'entraînement dans les mains d'innombrables élèves. La technique de fabrication n'a guère évolué depuis.

Quelques tentatives sérieuses ont été faites pour mettre de l'ordre dans cette confusion. En 1996, Joël Geslan, directeur de la troupe Seigneur de Guerre, a fait circuler un manuel d'escrime, *Le combat médiéval*[5]. Bien qu'il s'appuyât sur l'escrime moderne, l'auteur y introduisait quelques expressions médiévales et expliquait le principe du coup de taille. Il offrait également un bon aperçu du combat asymétrique, c'est-à-dire du combat avec différentes armes.

À peu près à la même époque, le maître Jean-Luc Pommerolle rédigeait son *Cours d'escrime médiévale*[6] qu'il distribuait lors de ses stages. Son approche était intéressante : pour lui, la notion de distance était fondamentale. Il classait les différentes techniques en quatre groupes de distance de combat distincts. Il expliquait également le principe de l'escrime de taille et plaçait l'escrime de parade-riposte à côté d'exemples tirés des premiers traités germaniques (Talhofer dans la traduction du capitaine Hergsell) et italiens (Fiore dei Liberi), une interprétation que je ne partage pas.

En 1998, l'Américain John Clements a publié *Medieval Swordsmanship, Illustrated Methods and Techniques*[7]. La revue française *Histoire Médiévale* et d'autres revues spécialisées en Europe ont publié plusieurs articles sur cet ouvrage, lançant pratiquement le mouvement des Arts

---

[5] Le Combat Médiéval, Joël Geslan, Autoédition 1996
[6] Cours d'Escrime Médiévale, Jean-Luc Pommerolle, Autoédition 1996
[7] Medieval Swordsmanship, Illustrated Methods and Techniques, John Clements, Paladin Press 1998

Martiaux Historiques Européens (AMHE). C'est à peu près à cette époque que j'ai commencé à travailler avec le maître Jan Fantys et que j'ai intégré l'École lémanique des armes anciennes (ELAA) à Lausanne en tant que maître d'armes. Jan s'était beaucoup investi pour développer une escrime médiévale à partir du traité de Talhoffer de 1459.

En 2002, grâce à une meilleure accessibilité d'Internet, j'ai trouvé une copie du traité de Joachim Meyer[8], maître d'armes à Strasbourg, datant de 1600. De langue maternelle allemande, j'ai été surpris de pouvoir comprendre une grande partie du texte médiéval. J'y ai découvert un art de l'escrime simple, clair et efficace.

La même année, et pendant douze ans ensuite, j'ai donné des stages d'escrime scénique sur des bases historiques avec mon compagnon de longue date, le maître Philippe Penguy, à Paris. Nous nous sommes plongés dans les textes germaniques. Dès 2002, lors d'un premier week-end de stage médiéval, nous avons présenté des éléments de notre interprétation du traité.

Après un quart de siècle, notre connaissance de l'escrime médiévale s'est considérablement améliorée, notamment grâce à Internet. Les AMHE ont également évolué dans les domaines du sport et de la recherche historique. Ces avancées ont influencé ce qu'on appelle aujourd'hui « l'escrime artistique ». Cela ne signifie pas pour autant que les représentations de combats médiévaux sont aujourd'hui

---

[8] Gründliche Beschreibung der freien und ritterlichen Kunst des Fechtens, Joachim Meyer, Augsburg 1600

plus précises et plus proches de la réalité historique qu'il y a 20 ou 30 ans. Même si le chevalier « *Grosse Brute* » et son épée de 5 kg ont disparu de notre vision générale du Moyen Âge, nous n'avons pas encore réussi à nous affranchir des règles et des coutumes de l'escrime olympique dans nos chorégraphies. Mais est-ce grave ? Après tout, notre objectif n'est pas de créer des reconstitutions historiques.

Pour moi, témoin de ces découvertes et de ces changements, ce fut une période passionnante et pleine de surprises.

Un mot sur ce livre : il s'agit d'une tentative de partager mes quarante années d'expérience dans le domaine des combats scéniques et historiques. Je suis conscient que d'autres ont suivi des chemins différents, et que certaines de mes idées peuvent ne pas correspondre aux leurs. Cela ne me dérange pas, tant que nous pouvons échanger de manière constructive. L'échange et la coopération ont toujours été des valeurs fondamentales pour moi. Notre milieu n'est pas destiné aux solitaires ; pour créer un bon duel, il faut être deux.

Je ne peux conclure ces quelques pages sans rendre hommage au maître qui m'a marqué par son épée, Bob Heddle-Roboth, que j'ai suivi pendant 15 ans. Escrimeur hors pair, génie artistique, chorégraphe de combat intuitif et pédagogue innovant, c'était un tempérament bien trempé, toujours entouré de son harem d'admiratrices, les « Bobettes ». À la fois bienveillant et condescendant, il m'en a fait voir de toutes les couleurs, comme on dit. J'espère avoir pu perpétuer son œuvre.

Je tiens également à exprimer ma gratitude envers les autres maîtres d'armes avec qui j'ai eu le privilège de travailler et qui, chacun à leur manière, ont enrichi mon répertoire. Tout d'abord, Patrice Camboni, mon premier maître d'armes en France, et son coéquipier François Rostain, qui retrouvera dans ce livre certains concepts découverts grâce à lui. J'ai aussi eu la chance d'étudier avec Jean Promard, adepte de Tai Chi et grand connaisseur de la canne et du bâton, ainsi qu'avec Claude Carliez, qui m'a initié à l'escrime et aux cascades devant la caméra. En Allemagne, Eberhard Gäble, directeur de combat au studio Babelsberg à Berlin, m'a aidé à obtenir mon diplôme de maître d'armes.

Hommage aussi à mes amis et compagnons de route, avec qui j'ai partagé tant de moments inoubliables et construit une multitude de souvenirs : Philippe Penguy, Philippe Hélies, Nadine Gibouin, Évelyne Bonnevie, Florence Leguy, Catherine Robert, André Obadia, Jean-Pierre Maurin, Bernard Chabin, Rafael Beauville, Jan Fantys.

Et tant d'autres encore que j'ai croisés pendant ces quarante ans : coéquipiers de scène, partenaires de combat, et avant tout mes étudiants …

Chaque rencontre, chaque collaboration a laissé une empreinte indélébile sur mon parcours.

Michael Müller-Hewer

Préface

Il y a dans l'approche de Michal Muller-Hewer quelque chose de fondamental, et qui se démarque, il me semble, de tous les ouvrages sur le même sujet écrits jusqu'à présent. Certes, je n'ai peut-être pas tout lu à ce propos, aussi l'auteur que j'aurais oublié voudra bien me pardonner.

Ce quelque chose, c'est à la fois la connaissance de l'escrime de spectacle, de l'escrime ancienne, des traités historiques, de l'escrime moderne, et enfin du monde du spectacle vivant sous toutes ses formes. Ce n'est pas faire injure à ceux qui nous ont précédés que de dire qu'ils connaissaient seulement une partie de ces différents mondes. Et si par hasard certains maîtres connaissaient toutes ces composantes, ils n'ont tout simplement rien écrit sur le sujet.

En cela je trouve que le travail effectué par M. Muller-Hewer est novateur, et précieux. Il est en effet Maître d'Armes en escrime moderne, artistique, et en AMHE (Arts Martiaux Historiques Européens), comédien et chorégraphe de combats. Pour avoir partagé la scène en sa compagnie, organisé et coanimé des stages avec lui, je peux affirmer qu'il sait de quoi il parle. Dans son ouvrage, il compile ainsi son expérience, ses connaissances et ses réflexions, qui sont le fruit de plusieurs années d'analyse et de recherche sur l'escrime scénique.

Il nous a habitués à ses articles parfois sans concession, mais aussi à ses doutes et aux incertitudes sur « la vérité » d'un combat, graal toujours recherché, et à ma connaissance toujours pas trouvé. Tant mieux, la quête est le plus beau chemin, et le voyage souvent plus passionnant que le paysage que l'on découvre lorsque l'on arrive enfin au port.

Nous avons eu et nous avons peut-être encore des points d'accord et des controverses, et c'est le lot du sujet qui nous occupe et que je vous laisse découvrir sous sa plume. Ce que je sais, c'est que l'échange, la controverse, la discussion, les engueulades, la mise en pratique et l'expérimentation, épée en main, les divergences et les remises en question ont depuis plus de 40 ans fait énormément avancer la façon de considérer le combat scénique et l'escrime de spectacle, quelles que soient les armes utilisées et les époques représentées.

Philippe Penguy

Acte 1
L'histoire du combat

L'art de Combat au Moyen Âge

« Jeune chevalier, apprends
à aimer Dieu et tiens les femmes en estime,
ainsi croîtra ton honneur.
Pratique la chevalerie et apprends
l'art qui te dignifie
et te mènera à l'honneur dans la guerre.
Sois bon à la lutte,
manie la lance, l'épée et le couteau de manière virile
et détrompes-les dans les mains de ton ennemi ... »

Johannes Liechtenauer[9]

Depuis quelques années, nous assistons à la renaissance des *arts martiaux historiques européens* (AMHE). Le grand public découvre avec surprise une richesse d'armes et de techniques de combats. Nous pouvons dire avec fierté que notre passé de combattant n'a rien à envier à celui des samouraïs japonais et des moines Shaolins.

En 1995 encore, le chercheur en arts martiaux était obligé de passer des heures dans les diverses bibliothèques afin de dénicher des traités historiques, souvent très usés et donc fragiles, rédigés dans des langues anciennes, connues des seuls spécialistes. Cette recherche était réservée aux professionnels. L'amateur avait seulement accès à quelques rares dessins, gravures ou reproductions qui,

---

[9] Daniel Jaquet, Combattre su Moyen Âge, New York 2017

jalousement gardés, circulaient entre maîtres d'armes et spécialistes.

Un grand pas vers la vulgarisation a été franchi en 1998 avec la reproduction de *Talhoffers Fechtbuch*[10] *de 1467* en paperback. Ce livre a permis de découvrir, par des dessins très détaillés, les actions du combat au XVe siècle. Faute d'explications précises, chacun a interprété ces dessins et le résultat fut l'apparition d'une multitude de systèmes d'escrime dits médiévaux, souvent fondés sur l'escrime moderne. Ces derniers ont fait la joie des groupes d'animations des fêtes médiévales et de leurs spectateurs mais heureusement cette période est révolue.

En effet, c'est paradoxalement la généralisation d'un bon accès à Internet au début du XXIe siècle qui permet aujourd'hui à tous d'effectuer des recherches sur l'art du combat des siècles derniers. Sur le Net, tout amateur intéressé par les recherches sur les techniques européennes du combat peut maintenant trouver les traités historiques majeurs, en version originale ou en transcription. De plus, ces ouvrages sont généralement traduits dans une langue d'usage courant. La quantité d'informations accessibles à tous est écrasante. Divers groupes de discussion débattent de l'interprétation, de l'entraînement, des armes et échangent de multiples informations, tout en les mettant à l'épreuve.

---

[10] Talhoffers Fechtbuch, VS-Books 1998

Nous sommes dans un domaine en permanente évolution. Certaines « vérités » d'aujourd'hui seront remises en question par des informations provenant d'études approfondies ou l'apparition de nouveaux traités historiques. Les maîtres d'armes et entraîneurs sont obligés de remettre régulièrement leurs connaissances à niveau afin d'intégrer les nouvelles données, ce qui peut être douloureux, car ils sont parfois contraints d'abandonner des idées qui leur sont chères.

Le combat médiéval n'est pas seulement un sujet de recherches pour les clubs AMHE, mais également pour beaucoup de compagnies et troupes de spectacle. Les grands combats entre chevaliers et brigands sont l'une des attractions des marchés médiévaux et des fêtes historiques. Malgré l'évolution importante des connaissances sur les arts martiaux historiques européens durant ces 20 dernières années, le niveau de ces combats évolue peu et cela ne semble pas changer. En règle générale, il s'agit d'escrime moderne adaptée à des épées à une ou deux mains, les armes d'hast étant souvent utilisées comme un bâton français, ce qui n'est pas gênant en soi quand le spectacle est de qualité.

L'évolution de ***l'escrime scénique***[11] des 25 dernières années nous a habitué à croire que le combat était le moment le

---

[11] Au cours des 30 dernières années, le terme « escrime de spectacle » a été remplacé par le terme « escrime artistique ». Je n'ai jamais accepté ce changement d'appellation et la modification des idées fondamentales et du contenu de l'escrime de spectacle qui en résulte. C'est la raison pour laquelle

plus important d'un spectacle, or c'est une erreur. Historiquement, les affrontements et les combats ont toujours été au service de quelque chose de plus grand, comme dans notre cas, le personnage joué, le scénario, le script ou l'histoire racontée. Un combat qui ne sert pas une histoire n'est qu'un combat vide de sens, réduit à des prouesses techniques, de vitesse ou de dextérité. En revanche, quel régal pour le spectateur quand les personnages, sous le stress du combat, dévoilent leurs vrais visages et que le plus rusé terrasse le géant ou lorsque l'issue du combat surprend le spectateur, donnant du sens à une histoire ou déclenchant, comme chez Shakespeare, des intrigues.

Dans ce contexte, peu n'importe que l'on utilise de l'escrime moderne ou les dernières découvertes des AMHE, il faut soigner la scène de combat. Lors d'un combat, peu importe si ce dernier est réel ou scénique, l'improvisation n'a pas sa place. Duels singuliers ou bataille, devant un public ils doivent tous deux être chorégraphiés.

Une grande question se pose : L'escrime médiévale est-elle utilisable pour le spectacle ? La gestuelle et quelques principes faciles à reproduire, me font répondre oui, mais personne ne nous y oblige et c'est là la liberté du spectacle.

J'utilise dans ce livre le terme « escrime scénique » comme terme générique pour tous les contenus de l'escrime en tant que combat chorégraphié pour un public devant une caméra, sur scène ou dans le théâtre vivant. Le terme « escrime artistique » n'est utilisé que dans le contexte de l'histoire contemporaine, et précisément lorsque la définition de M. Claude Carliez s'applique, c'est-à-dire comme une expression artistique de l'escrime sportive.

Aujourd'hui encore, le grand public ne fait pas la différence entre l'escrime moderne et le combat médiéval. La seule chose qui compte, c'est l'histoire que nous racontons.

Dans ce livre, j'ai voulu donner quelques indications aux amateurs et professionnels de spectacle qui voudraient utiliser les techniques de combat médiéval pour enrichir leurs chorégraphies. Je vais essayer de faire l'état de la recherche pour clarifier cette jungle d'informations. Vous trouverez notamment une liste des traités principaux, à mon avis utilisable pour l'escrime scénique, des descriptions des armes, mon explication du système de combat de l'époque ainsi qu'un glossaire des principaux termes utilisés dans les traités.

Traités historiques

Pour comprendre les techniques militaires ou le combat des siècles passés, il existe quatre types de sources :
- L'architecture, qui inclut les bâtiments et les constructions de fortification,
- Les sources matérielles, appelées mobilier archéologique, telles que les armes et les protections corporelles,
- L'iconographie, constituée de statues, de reliefs, de peintures et de dessins, et enfin,
- Les sources écrites, comprenant les textes descriptifs et les récits.

Dans tous les cas, les informations qui nous sont parvenues doivent être traitées avec prudence, car nous les analysons avec notre vision actuelle du monde. Nous allons nous concentrer sur l'iconographie et les textes.

L'iconographie est riche en renseignements car elle fournit des détails sur les vêtements, les protections, comme les armures, la forme des armes et les différents moments du combat. Les textes nous informent sur l'époque, le contexte, les règles et, dans les traités tardifs, décrivent les gestes, les interactions et même les exercices. Dans les deux cas, une interprétation reste toutefois nécessaire.

Depuis la protohistoire, la plupart de nos sources sont iconographiques. Quelques textes militaires grecs subsistent, comme celui de Xénophon qui, au IVe siècle avant J.-C., décrit "l'art équestre"[12], soit la manière de monter et de combattre à cheval. L'Empire romain nous a laissé certains textes, par exemple la *Guerre des Gaules*[13] de César, et des écrits sur le combat de gladiateurs.

Décrire un mouvement ou un geste dans un texte présente une difficulté notable. La description doit être suffisamment claire pour créer une image de l'action dans notre esprit. Reconstruire une action de combat à partir de quelques mots, sans connaissance préalable du maniement des armes, est pratiquement impossible. Il est donc logique que notre formation en combat influence l'interprétation des textes. Un adepte du kenjutsu appliquera d'abord ses connaissances du maniement du katana à des textes sur l'épée longue. De plus, certains mots dans le texte lui-même peuvent avoir changé de sens au fil des siècles.

Concernant l'iconographie, le premier problème est la perspective. Les représentations telles que les reliefs, les images sur les vases, les mosaïques ou même les dessins jusqu'au XVe siècle n'ont pas de réelle profondeur. Il est donc difficile, par exemple, de déterminer précisément la

---
[12] De l'art équestre, Xénophon, traduit par E. Delebecque, Paris 2002
[13] La Guerre des Gaules, César, traduit par Léopold-Albert Constans, 1926

position des pieds, ce qui pose d'énormes difficultés pour évaluer la position d'une arme. Toute représentation d'un bouclier en oblique ou en diagonale était presque impossible. Il en allait de même pour les épées : lorsqu'elles étaient tenues horizontalement et parallèles au sol, elles apparaissaient comme un simple trait dans l'image. C'est pourquoi elles étaient souvent représentées verticalement.

En observant les gestes représentés, nous ignorons d'où ils partent et où ils se termineront, comme avec une photographie. La plupart du temps, le contexte est également absent : ce qui précède ou suit le moment représenté n'est pas visible. De plus, les proportions des armes, des objets ou des corps ne sont pas toujours respectées.

Lire le texte accompagnant un dessin ne nous aide pas toujours à comprendre. Par exemple, dans l'un des traités de Talhoffer, l'image montre deux combattants face à face : l'un tient l'épée au-dessus de sa tête, tandis que l'autre dirige la pointe de son épée vers le sol. À côté, on trouve l'inscription suivante : « Celui-ci frappe par le haut, celui-là frappe par le bas. » Cette description n'apporte que peu d'éclaircissements.

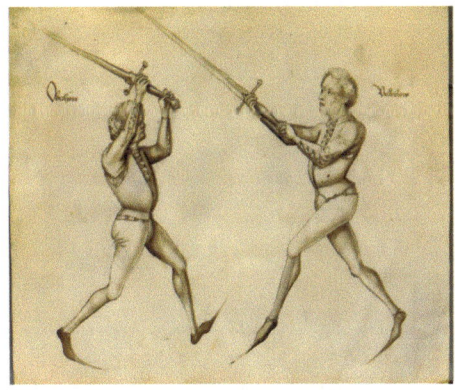

Il ne faut pas oublier que l'artiste pouvait modifier un geste ou une posture pour des raisons culturelles ou artistiques.

L'époque qui nous intéresse particulièrement est le Moyen Âge, une période qui commence au Ve siècle après J.-C. et dure environ mille ans, jusqu'à la fin du XVe siècle. Les plus anciens traités de combat ou d'escrime connus datent du XIVe siècle.

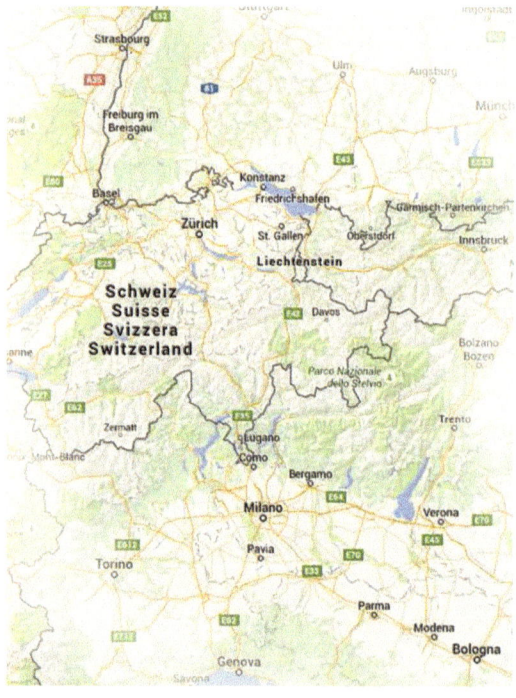

En examinant les sources écrites, nous constatons que la plupart des traités connus ont été rédigés dans une région couvrant le sud de l'Allemagne, la Suisse et le nord de l'Italie jusqu'à Bologne. La majorité de ces textes sont en dialecte germanique ou en latin. Il existe également des traités attribués à deux maîtres d'armes du nord de l'Italie, qui présentent certaines spécificités. C'est pourquoi on parle d'une école germanique et d'une école italienne.

À partir du XIVe siècle, le nombre de textes parvenus jusqu'à nous commence à augmenter. Voici une petite sélection d'écrits de combat que je trouve personnellement très intéressants. Ils sont riches en images ou décrivent des techniques de combat faciles à reproduire, pouvant nous inspirer pour des costumes ou des chorégraphies de combat.

LE JEU DE LA HACHE (BN MS FR. 1996)

Le plus ancien traité actuellement connu est un texte sur le maniement de la hache de guerre, datant de la fin du XIVe siècle. Rédigé en ancien français et relativement facile à comprendre, il traite d'un duel en armure avec une hache noble (hache de guerre, ou *pole axe*). Cette arme de choc, maniée à deux mains, est très spectaculaire sur scène. Elle mesure entre 1,30 m et 1,50 m, avec une tête composée de plusieurs outils : une lame de hache d'un côté et, de l'autre, une pointe ou une tête de marteau. Une lame de pique plus ou moins longue en couronne le tout, tandis que l'autre extrémité du manche comporte un talon en fer, parfois muni d'une épine. Son maniement est proche de celui du bâton à deux bouts.

Un autre traité sur la hache noble, du maître Peter Falkner datant de 1495, commence par un entraînement au bâton.

MS I.33 (MANUSCRIT DE WALPURGIS)

Enregistré sous le n° I.33, le « Royal Armoury Museum » à Leeds héberge un des plus anciens traités européens de combat à l'épée, le traité Walpurgis.

Il est constitué de 32 parchemins recto verso illustrant des techniques de combat à l'épée et au bouclier. Ce traité possède deux particularités par rapport aux autres traités de l'époque : il montre un prêtre avec ses étudiants et représente une femme apprenant le combat.

L'origine du manuscrit n'est pas clairement établie. Il ne fut probablement pas produit dans un monastère. Le prêtre et l'étudiant portent des vêtements cléricaux, mais pas nécessairement des habits de moines, et la présence de la femme, appelée « Walpurgis » dans le texte, est difficilement explicable. De plus, la pratique des arts martiaux est contraire aux règles monastiques chrétiennes.

Ces pratiques trouvaient plutôt leur origine dans les écoles de l'Église, qui sont les précurseurs des universités en Allemagne.

Pour la petite histoire, quatre ans après la fondation de l'université d'Heidelberg en 1385, celle-ci vit le jour du premier édit interdisant les combats d'épées entre étudiants.

Deux autres prêtres allemands sont connus pour leurs travaux sur les arts martiaux : Hanko Döbringer, associé au manuscrit sur Liechtenauer de 1389, et Johannes Lebküchner, auteur d'une œuvre majeure du XVe siècle.

Sur 64 planches, on peut voir un prêtre et son élève, ce dernier étant remplacé à la fin par une fille du nom de Walpurgis. Tous portent des gants blancs et les robes de bure sont relevées pour libérer les jambes. À première vue, 40 séquences de combat sont décrites, mais le texte fait référence à des actions alternatives et non illustrées.

Le système décrit se structure autour de sept positions de combat de base (***custodiae***) et de plusieurs positions spéciales permettant d'attaquer et de contrer les attaques adverses. Le manuscrit commence par les sept positions et les séquences de combat sont, pour la plupart, organisées autour de la garde du premier combattant.

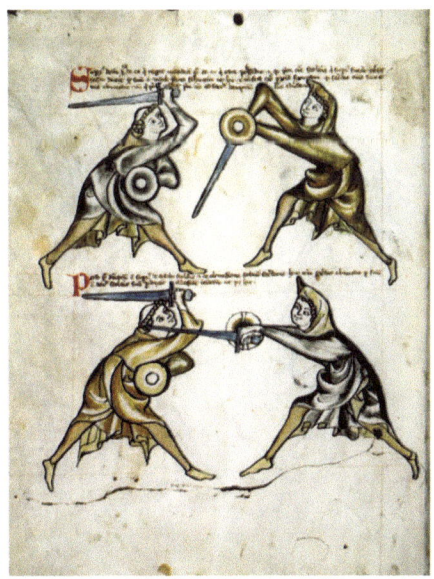

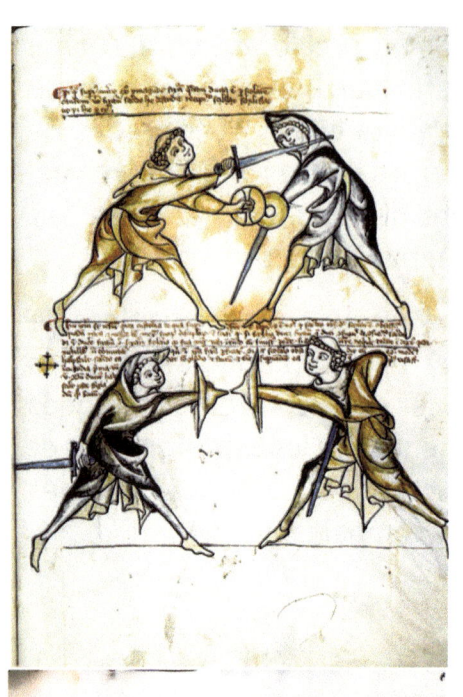

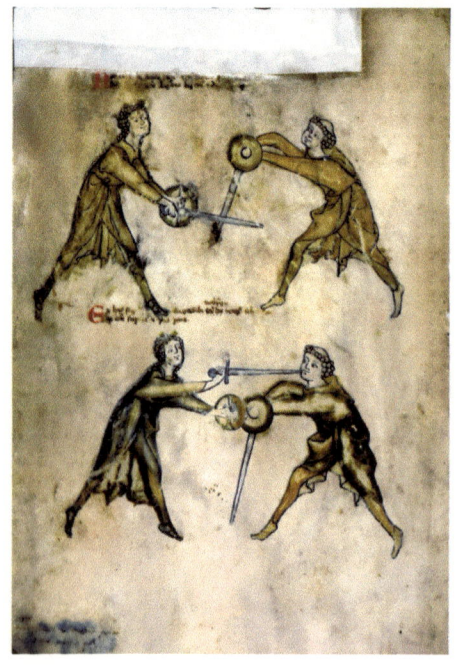

JOHANNES LIECHTENAUER

Johannes Liechtenauer était un maître escrimeur allemand du XIVe siècle, considéré comme une figure centrale de l'escrime médiévale germanique. Il est crédité de nombreux versets mnémotechniques (Merkverse ou Zettel), sur la base desquels ses élèves ont construit un enseignement des armes. Il n'existe pas de preuves directes confirmant l'existence historique de Johannes Liechtenauer. Les informations disponibles proviennent principalement de manuscrits et de textes écrits par d'autres maîtres d'armes qui se réclament de son enseignement. Certains

historiens suggèrent qu'il pourrait être un personnage mythique ou symbolique, utilisé pour personnifier et structurer les connaissances en escrime médiévale. Toutefois, son influence sur les traditions d'escrime germanique est indéniable, que son existence soit réelle ou fictive.

La plus grande collection de versés et de gloses semble être celle de Peter von Danzig de 1449[14].

FIORE DEI LIBERI

Fiore dei Liberi était un contemporain de Liechtenauer, probablement de 10 à 20 ans plus jeune. Selon ses propres dires, il a appris son métier en voyageant en Allemagne, en

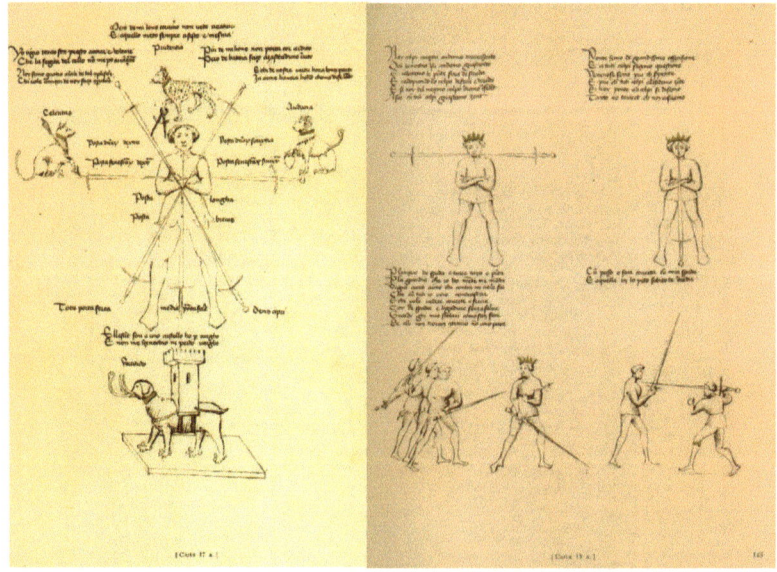

---
[14] MS Cors.1449, Codex Danzig

Suisse et en Italie. En 1410, il écrit *Il Fior di Battaglia*[15], posant ainsi la première pierre de l'école italienne d'escrime.

Le deuxième maître italien de l'époque à retenir est Philippo di Vadi[16], qui rédigea en 1487 un traité dans la tradition de Fiore dei Liberi.

HANS TALHOFFER

Hans Talhoffer est né quelque part dans les années 20 du XVe siècle. Il est probablement le maître d'armes le plus connu de son époque, car l'un de ses manuscrits a été pendant des décennies la seule source de combat médiéval accessible aux profanes[17]. Talhoffer s'était spécialisé dans la justice de combat, très répandue dans le sud de l'Allemagne et en Suisse, les fameux jugements de Dieu. En 1443, il loua l'aide de scribes et fit écrire et

---

[15] Francesco Novati Pisa1902 : *Il Fior di battaglia di maestro Fiore dei Liberi da Premariacco*, a critical edition of the Pisani Dossi manuscript of Fiore de'i Liberi's fencing manual.
[16] De Arte Gladiatoria Dimicandi, Philippo di Vadi, 1487
[17] Talhoffers Fechtbuch, VS-Books 1998, Schulze&Verhülsdonk

dessiner son premier livre. Au total, on connaît six manuscrits originaux de lui. Son dernier ouvrage a été rédigé en 1467, soit 24 ans plus tard. Cela signifie qu'il a non seulement survécu longtemps dans un métier dangereux, mais qu'il a également atteint un âge avance pour le moyen âge.

Son art du combat présenté dans les livres s'est développé à partir des techniques de Johannes Liechtenauer, Talhoffer le mentionne dans son manuscrit de 1459. Nous y trouvons également des copies des « Merkverse » de Liechtenauer.

Il est également remarquable que son traité de 1467 contienne un grand nombre de feuillets avec des dessins de machines de siège et de techniques de siège.

Malgré la langue souabe utilisée dans les livres, on ne peut pas en déduire que Talhoffer était originaire de la région, elle reflète plutôt le dialecte des scribes, mais délimite grossièrement l'espace géographique dans lequel Talhoffer a séjourné.

Ses œuvres sont un bon support de travail pour créer des situations de duel classiques, les techniques représentées sont très inspirantes. Les dessins sont très détaillés en ce qui concerne les costumes et les armes.

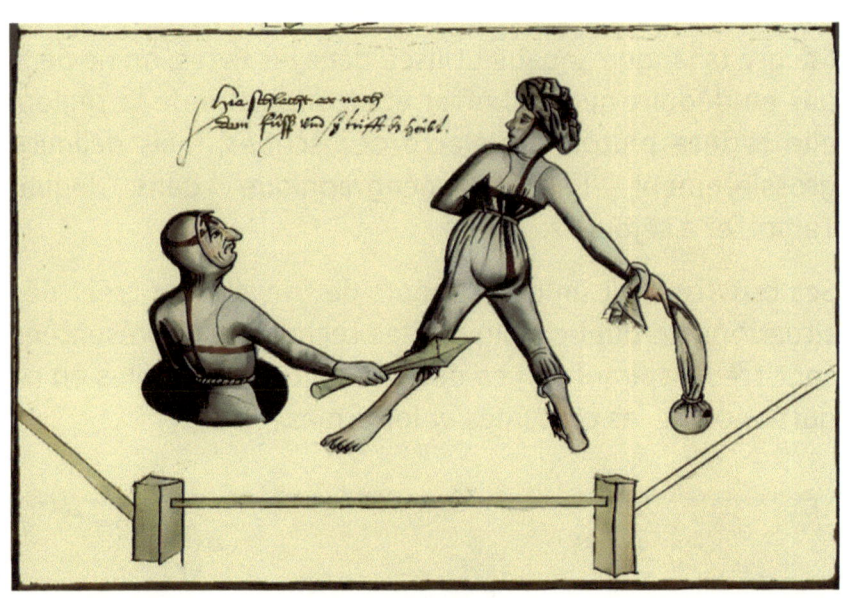

PAULUS HECTOR MAIR

Au milieu du XVIe siècle, Paulus Hector Mair, un fonctionnaire de la ville d'Augsbourg, réalise la plus belle collection de textes sur le système de Liechtenauer[18]. Il est difficile de dire s'il pratiquait des arts martiaux, mais il semble qu'il était un véritable passionné. En 1579, on découvre qu'il avait détourné l'argent de la ville pour faire écrire et dessiner ses livres. Âgé de 62 ans, il fut jeté en prison et pendu.

---

[18] Opus Amplissimum de Arte Athletica (MSS Dresd.C.93/C.94), Paulus Hector Mair Augsburg 1542

JOACHIM MEYER

En 1570, le maître d'armes Joachim Meyer de Strasbourg fait imprimer un traité[19] très moderne dans lequel il explique l'enseignement en salle du *Blossfechten* (combat sans armure). Il décrit de manière détaillée l'utilisation de cinq armes différentes. La première partie est consacrée à *l'épée longue*, suivie du *dussack*, de *la rapière*, de *la dague* et *des armes d'hast* comme le long bâton, la pique et la hallebarde.

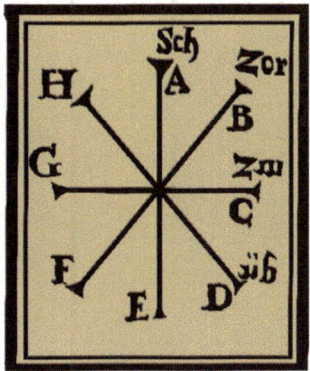

Il s'agit d'une escrime de salle d'armes, car l'épée longue utilisée était une *Federschwert*, une épée allégée spécialement conçue pour l'entraînement. Il est intéressant de noter qu'il interdisait l'utilisation du coup d'estoc pour l'épée. À plusieurs reprises, il répète que les anciens utilisaient le coup d'estoc dans une telle situation, mais puisqu'il était interdit, il propose une action de coup de taille. Le *dussack*, comme la *Federschwert*, était également une arme d'entraînement, souvent en bois. Il servait à travailler la vitesse, la distance et les déflexions *(versetzen)*. Meyer ne s'adresse pas vraiment aux escrimeurs débutants, mais plutôt aux prévôts d'armes et instructeurs. Son traité décrit de manière pédagogique l'enseignement aux armes.

---

[19] Gründtliche Beschreibung, der freyen Ritterlichen unnd Adelichen kunst des Fechtens, Joachim Meyer, Strasbourg 1570

Wie man nach den vier Blössen fechten sol. XXVII

A

Von Häwen. IIII

B

D'autres traités sur le maniement des armes médiévales, s'inscrivant dans la même tradition, apparaissent sur une période d'environ 200 ans entre le début du XVe et la fin du XVIe siècle.

À la fin du Moyen Âge, une nouvelle arme fait son apparition : la rapière. Ce sont les écoles italiennes qui allaient dominer le monde de l'escrime pendant 100 ans.

Escrime de taille ou d'estoc ?

Le théâtre, le cinéma et la télévision diffusent aujourd'hui une image erronée du combat au Moyen Âge. En règle générale, l'escrime olympique est adaptée aux armes médiévales. Dans le combat moderne à l'épée longue des Arts Martiaux Historiques Européens (AMHE), on utilise l'estocade ainsi que des parades d'opposition et des actions de parade/riposte.

Cependant, ces techniques n'apparaissent dans les sources littéraires qu'à partir du XVIe siècle. Après 500 ans d'escrime d'estoc (frapper avec la pointe), il est difficile d'imaginer un système d'escrime basé principalement sur le coup de taille (frapper avec le tranchant).

Oakeshott, épées XIIe au XIVe siècle

Jusqu'au XVe siècle, il semble qu'il y ait eu peu de parades lame contre lame. La qualité de l'acier, qui ne s'est améliorée qu'avec l'introduction des hauts fourneaux au XIVe siècle, en était probablement l'une des raisons. On peut supposer que jusqu'à cette époque, les lames d'épée n'étaient pas capables de résister sans dommage au contact avec une autre lame.

Il est essentiel de distinguer les lames d'estoc des lames de taille, car il n'existe pas de forme de lame permettant de frapper et d'estoquer avec la même efficacité. La différence entre ces deux types réside dans leur architecture.

Une lame de taille absorbe l'énergie par le biais du tranchant. Lors de l'impact, une vibration se propage sur toute l'épée sous forme de courbe sinusoïdale. C'est pourquoi les épées de taille étaient généralement larges, avec des tranchants plus ou moins parallèles et souvent un noyau en acier plus tendre, ce qui absorbait une partie de l'énergie exercée sur la lame, réduisant ainsi le risque de casse. Certaines épées possédaient également une monture sur la poignée, permettant de stabiliser la main dans une position propice à la frappe ; par exemple, le pommeau en forme de noix du Brésil. Les épées du IXe siècle, notamment celles utilisées par les Vikings, en sont des exemples classiques. Avec ces épées, l'estocade était possible seulement en changeant la position de la main sur la poignée, ce qui était quelque peu complexe en raison de la forme de la monture.

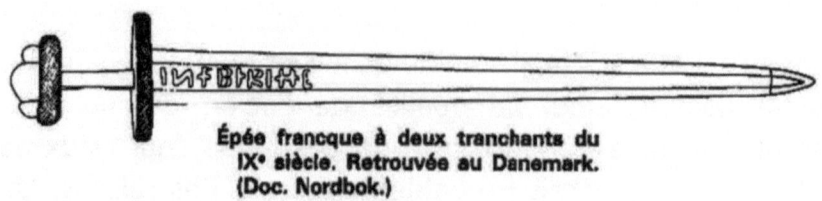

Épée francque à deux tranchants du IXᵉ siècle. Retrouvée au Danemark. (Doc. Nordbok.)

Une lame d'estoc absorbe l'énergie dans la direction de son axe central. Pour cela, elle doit avoir une masse au centre. Les premières lames d'estoc étaient épaisses, peu flexibles, avec une section souvent rhomboïdale à la base et assez lourdes. Ce n'est qu'avec l'invention des hauts fourneaux au XIVe siècle qu'il fut possible de produire un acier flexible et de haute qualité, permettant de fabriquer des lames d'estoc fines et stables. Une nouvelle architecture apparut alors : des lames avec une gouttière et une section triangulaire à la base, ce qui entraîna un gain de poids important. Bien que ces lames permissent de porter des coups de taille, ceux-ci étaient moins efficaces et augmentaient le risque de rupture.

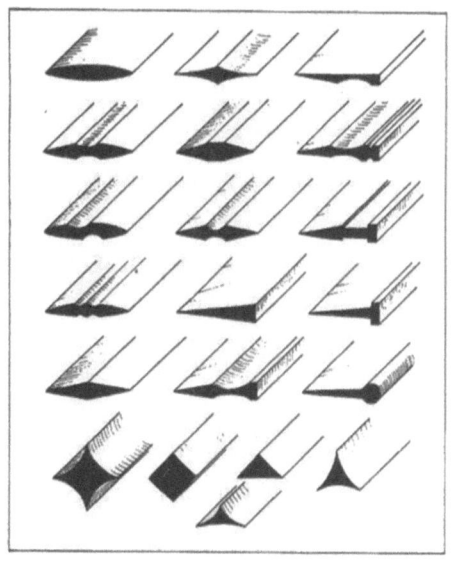

Sections de lames

Sur la base de ces informations, on peut supposer qu'avant le XIVe siècle, la plupart des épées étaient des armes de taille.

Comme mentionné plus haut, les parades d'opposition ne sont mentionnées dans les textes qu'à partir du XVIe siècle, par exemple chez Marozzo en 1536 ou Agrippa en 1568. À la même époque, l'escrime d'estoc se répand en Europe en tant que forme dominante d'escrime.

Si nous analysons le coup de taille du point de vue du mouvement, un autre argument se présente. Le coup est une action en deux temps, comprenant un mouvement « d'armement » et une « frappe ». La lame suit alors une trajectoire circulaire. Toutefois, si plusieurs coups de taille sont portés successivement, l'étape d'armement disparaît : les coups s'enchaînent et deviennent ainsi une action à temps unique.

La seule technique de défense décrite à cette époque est le « *versetzen* » (parade par déflexion), qui consiste à faire dévier la lame adverse de sa trajectoire de frappe, créant ainsi une ouverture pour une contre-attaque. La déflexion peut être intégrée sans difficulté dans une séquence de coups, sans nécessiter un nouvel armement pour frapper.

Les enchaînements de coups peuvent également être combinés avec des parades de bouclier, sans que la vitesse des coups ne diminue. En revanche, si l'on effectue une parade d'opposition, il faut armer à nouveau pour porter le coup après le contact, ce qui fait perdre du temps et de la vitesse.

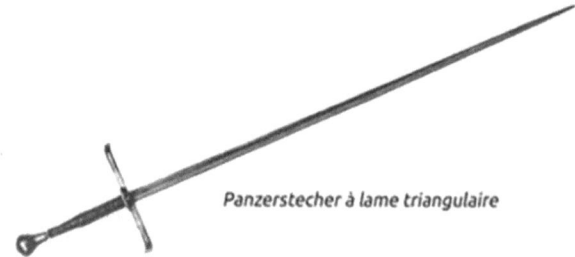
Panzerstecher à lame triangulaire

Contrairement au coup de taille, l'estocade est une action linéaire. En tendant le bras, la pointe de la lame est dirigée vers la cible. Selon Marozzo, le coup d'estoc est plus rapide que le coup de taille. Cela change cependant lorsqu'on enchaîne plusieurs coups d'estoc : l'action rapide en un temps devient une action en deux temps, car il faut toujours revenir à la position de départ. La parade d'opposition est idéale pour l'escrime d'estoc, car elle transforme le coup en une action à temps unique : après le contact avec la lame adverse, on peut porter le coup directement en tendant simplement le bras.

Pour résumer, en escrime de taille, notamment avec une épée longue, la déflexion semble être une bonne option défensive, car il s'agit d'une action offensive qui ne ralentit pas les enchaînements de coups. Afin que la lame puisse supporter le contact lors de la déflexion, elle doit être forgée dans un acier de bonne qualité, ce qui n'a probablement été possible qu'à partir du XVe siècle. Au cours des siècles précédents, le bouclier semble avoir été l'unique moyen de défense.

En revanche, la parade d'opposition semble être idéale pour l'escrime d'estoc, car elle permet de porter un coup direct en tendant le bras. À partir du XVIe siècle, des aciers de haute qualité ainsi qu'une architecture de lames modifiée ont permis le développement de lames d'estoc légères et solides.

Acte 2 :
La chorégraphie

L'espace scénique

Peter Brook commence son livre *L'Espace vide*[20] avec les phrases suivantes : « Je peux prendre n'importe quel espace vide et l'appeler une scène nue. Un homme traverse l'espace, pendant qu'un autre le regarde ; c'est tout ce qui est nécessaire à l'action théâtrale. »

En deux phrases, il nous explique ce qu'est un espace scénique. Ce n'est pas un espace vide dans lequel je fais une performance, c'est bien plus que cela. Cet endroit vide, avec ma performance, ne devient un espace scénique qu'au moment où il y a un observateur, un spectateur.

C'est là qu'il pose clairement le dogme : sans spectateur, il n'y a pas de théâtre.

À ce moment-là, je comprends qu'il n'y a pas de spectacle sans spectateurs. Autrement dit, le spectateur est toute ma raison d'être car il me fait exister en tant que comédien dans mon espace.

Lorsque j'ai compris ce principe, j'ai aussi compris que le spectateur doit être au centre de toutes mes pensées et de toutes mes actions en tant que comédien.

Quand je me bats en duel devant des spectateurs, ce n'est pas pour mon plaisir personnel. Je ne combats pas pour l'honneur, je n'affronte pas un ennemi. Je ne me bats même

---

[20] Peter Brook, Der leere Raum (The Empty Space 1968), Alexander Verlag, Berlin 1983

pas contre mon binôme, qui est dans la même situation que moi sur scène.

En fin de compte, je ne me bats contre personne, mais en partenariat pour quelque chose.

Je me bats avec mon partenaire pour l'attention du public, sa reconnaissance, son plaisir et ses applaudissements.

Je suis face au public, qui est certainement amical et bienveillant la plupart du temps, mais qui a des attentes et sait que je suis dépendant de lui. Il sait qu'il a des droits et qu'il peut les faire valoir. Inconsciemment, il sait que je suis à sa merci.

« Nous nous battons ensemble, nous nous mettons en valeur les uns les autres, pour le plaisir des spectateurs, du public », disait mon vieux maître Bob[21].

À partir du moment où nous avons reconnu que c'est le spectateur qui fait d'un espace un espace scénique et d'une performance un spectacle, nous pouvons passer aux descriptions techniques.

Au-delà de l'idée qu'un espace scénique peut être n'importe où, dans le métro, dans un parc, dans la rue d'à côté et même dans un théâtre, nous pouvons parler des espaces théâtraux classiques.

J'aimerais à présent vous parler de quelques espaces scéniques classiques et tenter de vous donner un bref aperçu des formes classiques de la scène et du théâtre, car

---
[21] Bob Heddle-Roboth, 1923 - 2004

je pense qu'il est très important, pour la culture générale, de connaître quelques bases qui peuvent nous aider à créer nos chorégraphies de combat. Ces espaces théâtraux ont été conçus pour des formes d'expression théâtrale spécifiques, mais leur utilisation pour des scènes de combat impose d'abord ses propres règles.

Le théâtre dit « à l'italienne »

Théâtre de Châtellerault/France

La scène est rectangulaire et surélevée. Le public est placé en demi-cercle devant le côté le plus large du rectangle, séparé par un arc appelé **proscenium.** Dans le passé, la scène était inclinée, et le côté du rectangle opposé au public était surélevé. L'espace autour de la scène, à droite, à gauche et au fond, est un espace invisible pour le public, appelé coulisses.

La scène « *à l'italienne* » a grandement influencé le théâtre européen. Sa forme originale est le **palco** de la commedia dell'arte, un plateau surélevé sur des tréteaux. Les grands auteurs, comme Shakespeare ou Molière, ont écrit des pièces de théâtre pour cette forme de scène.

Dans le langage théâtral, plusieurs expressions font référence à cette forme d'espace.

- ***La cage de scène*** est le cube rectangulaire visible par le public.
- ***Le parterre*** est l'espace réservé au public juste devant l'ouverture de la scène, mais en dessous du niveau du plateau de jeu.
- ***Les balcons***, souvent sur plusieurs étages, sont des espaces confortables destinés à un public aisé et noble.
- Dans les théâtres des quartiers populaires, ***le ciel*** était le dernier étage sans confort, destiné au public pauvre, la *plèbe*.
- ***Le proscenium*** est un espace, souvent en forme d'arc, situé entre la cage de scène et le public.
- ***L'ouverture*** *de la scène* est le côté public du rectangle. Elle peut être fermée par un rideau.
- ***Le haut*** *de la scène* est le côté opposé à l'ouverture, qui était autrefois surélevé d'environ 8°. On parle également de *fond de scène*. Lorsque je suis sur scène, je monte vers le fond de scène et je descends vers l'ouverture.
- ***Jardin*** et ***cour*** désignent la gauche et la droite de la scène du point de vue du public. Au début, je m'aidais du mot « Jésus-Christ », en me rappelant qu'il s'agissait du point de vue du spectateur.

L'origine de cette expression remonte à Molière, qui occupait le Théâtre du Palais-Royal au XVIIe siècle. À l'époque, la sortie de scène gauche donnait sur les jardins et la sortie de scène droite donnait sur la cour du Palais-Royal à Paris.

Théâtre à l'italienne

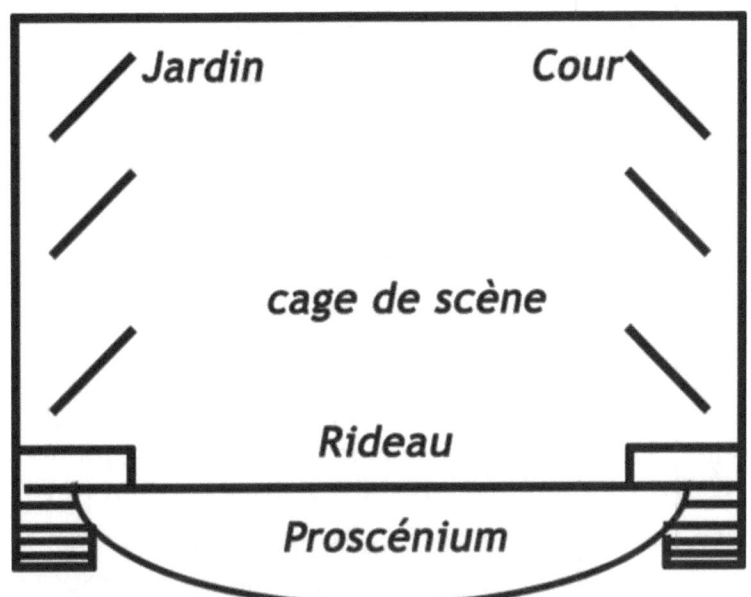

Ces termes se sont généralisés pour indiquer la position des accessoires, les entrées et sorties des acteurs, la disposition des décors et des lumières. Ils facilitent la communication entre le metteur en scène, les techniciens et les acteurs.

Quelques brèves indications peuvent aider pour la chorégraphie :

Le proscenium dépasse l'ouverture de la scène et, en règle générale, est équipé, à jardin et à cour, de petites marches pour pouvoir descendre dans le parterre. Il permet des entrées sur scène depuis le devant de la scène et se prête aux combats par sa proximité avec le public.

Si j'ai un combat qui se déroule linéairement, comme c'est le cas pour les armes d'estoc ou en escrime moderne, j'ai peu d'intérêt à le placer parallèlement au bord de l'ouverture, car cela va diminuer visuellement la profondeur de la scène. Cela s'approche un peu des reliefs égyptiens, qui n'ont aucune profondeur.

Je dois savoir aussi que toute action placée en bas de la scène, près de l'ouverture, va dominer toute action placée plus haut, au fond de la scène.

Les plus longues lignes droites sur une scène rectangulaire sont les deux diagonales. Si je monte la diagonale en combat de cour à jardin, au fond, je présente, en tant que droitier, l'intérieur des armes au public, ce qui me rend visuellement dans une position dominante par rapport à mon adversaire. Si je monte la diagonale en combattant du côté jardin vers la cour, au fond, je présente le dos au public. Mon partenaire, qui se présente avec son intérieur et son visage, va attirer toute l'attention des spectateurs. Les mêmes règles fonctionnent aussi en descendant les diagonales. On peut appeler ça le *jeu de l'intérieur et l'extérieur des armes*. En résumé, le combattant qui présente l'intérieur des armes au public attire plus l'attention des spectateurs que celui qui présente l'extérieur des armes, c'est-à-dire son dos.

Par ailleurs, dans le théâtre italien, la lumière artificielle, c'est-à-dire le projecteur et son technicien, est très importante. Un bon éclairage peut mettre en valeur une action ou la faire disparaître. L'éclairage d'un spectacle est un art, et il convient de bien s'entendre avec le régisseur lumière, qui a entre ses mains la visibilité de la chorégraphie.

Le théâtre grec

Généralement en plein air, il s'agit de l'une des plus anciennes structures scéniques conservées. Les gradins disposés en éventail sur la pente permettaient à tous les spectateurs, quel que soit leur emplacement, d'avoir une vue sur la scène. La scène était légèrement surélevée par rapport à l'orchestre afin d'améliorer la visibilité des acteurs. L'orchestre était un espace semi-circulaire situé devant la scène. Les amphithéâtres de nos universités sont calqués sur ce modèle. Lorsque j'ai visité le théâtre situé à côté du Panthéon à Athènes, j'ai été impressionné parce que je pouvais entendre les voix des danseurs qui répétaient sur scène. Ils étaient à 50 mètres de moi.

L'arène – le cirque – le Colisée

L'arène est un espace circulaire ou ovale entouré de tribunes. C'est une forme traditionnelle qui date d'avant l'époque des Romains. Les empereurs romains ont construit de grandes arènes, comme le Colisée à Rome, pour organiser des jeux et des combats de gladiateurs. Nous retrouvons cette forme également dans le cirque conventionnel. Comme pour le théâtre grec, les gradins offrent une bonne vue sur ce qui se passe dans le cercle.

Arènes de Lutèce/ Paris

Le public est autour de nous ; nous ne pouvons pas cacher ce que nous faisons. Il y aura toujours un spectateur avec une vue dégagée sur notre action. Cette configuration offre une grande liberté, car nous n'avons pas besoin de nous soucier de ce que chaque spectateur peut voir ou non, comme dans un théâtre à l'italienne. Pour certaines actions, il n'y a plus de subterfuge possible. Par exemple, si, lors d'une mise à mort, je pose la lame sur le corps de mon partenaire, certains spectateurs le verront. Cependant, cela fonctionne, car le public accepte notre jeu ; il sait très bien que l'assassinat est simulé. Cela démontre que ce n'est pas le mouvement de notre arme, mais notre jeu et notre langage corporel qui rendent nos gestes crédibles, particulièrement dans ce type de théâtre où de nombreux spectateurs sont éloignés de l'action.

L'endroit le plus important dans cet espace est le centre, que j'appellerai le « point rouge ». Un présentateur ou un héraut d'armes se placera sur ce point rouge, car cela signifie pour le public qu'il détient le pouvoir. Le simple fait d'occuper le centre attire l'attention de tous.

Les combattants s'affrontent dans un duel dont l'objectif principal est de s'emparer du point rouge. Le vainqueur prend place au centre pour recevoir l'ovation du public. Ainsi, la raison du conflit — bien que cruciale — passe au second plan pendant le combat. Une fois le point rouge conquis, la véritable raison du combat redevient centrale.

Dans l'arène, il est également possible de présenter plusieurs combats en même temps. Il faut toutefois tenir compte de certains éléments : si je répartis les combats uniformément dans l'espace scénique, j'obtiens une image harmonieuse, ce qui entre en contradiction avec les conflits en cours. Le spectateur aura également du mal à décider quel combat regarder. Ainsi, lors de la répartition des combats dans l'arène, il est préférable d'éviter les symétries et de leur attribuer des espaces fixes de taille réduite.

La leçon du présentateur sur le point rouge est essentielle. En ce sens, un combat qui se rapproche du point rouge deviendra plus important pour le public. De même, un combat qui se déroule au centre va capter toute l'attention et reléguer les autres affrontements au second plan. Si tous les combats sont à égale distance du point rouge, c'est le spectateur qui choisit lequel suivre. La mise en scène peut alors intervenir pour guider l'attention du public en rapprochant ou en éloignant certains combats du centre, les rendant ainsi plus ou moins significatifs.

Le spectacle vivant (Le spectacle de rue)

La plupart des chorégraphies de combat médiévales sont destinées à être présentées sur des marchés médiévaux. De nombreuses troupes construisent une lice et définissent ainsi déjà le type de combat qu'elles souhaitent présenter. Il est difficile de présenter une histoire élaborée dans une arène de combat ; les duels, les tournois et les démonstrations techniques sont les spectacles les plus fréquents.

FUROR ET FERRUM, Pavone Canavese 2012

La lice fonctionne comme une arène, à la différence que les spectateurs sont à proximité immédiate. Comme dans l'arène, l'affrontement tourne autour du centre de la lice de combat. La quête de ce centre, ou « point rouge », crée la tension nécessaire pour entamer le combat. La proximité du public engendre un phénomène inattendu : plus le spectateur est proche de l'action, plus la tension du combat diminue rapidement pour lui. Les phrases d'armes ne doivent pas être trop longues, et les pauses entre les attaques doivent être utilisées pour reprendre contact avec les fans.

Certains endroits en ville ou sur une place de marché se prêtent au combat sans lice. Malheureusement, pour protéger les spectateurs, de nombreux organisateurs exigent un lieu fixe avec des barrières de sécurité, souvent sous forme de barrières Vauban. Pourtant, il n'est pas beaucoup plus dangereux pour les spectateurs de se battre au milieu de la foule si certaines règles sont respectées.

Lorsque se déclenche une bagarre en rue, les passants forment spontanément un cercle pour regarder. Aujourd'hui, observer et filmer est devenu un réflexe avec la société des réseaux sociaux, mais former un cercle autour d'un duel semble être une vieille coutume, existant déjà il y a quelques siècles. Aux XVIe et XVIIe siècles, les duels entre étudiants se déroulaient souvent au milieu de la rue, et le cercle des spectateurs protégeait les duellistes des forces de l'ordre en empêchant les soldats ou policiers d'avancer pour les arrêter.

Un duel en pleine rue doit être préparé. On ne peut pas s'affronter sans prévenir dans un espace bondé. La méthode la plus sûre est de former un groupe qui fera office de service d'ordre et créera l'espace nécessaire au combat. Nous nous retrouvons ainsi dans la même configuration qu'un combat en lice.

Pour l'ouverture du parc de cinéma Eurodisney en 2004, j'ai conçu des combats pour trois personnages (un garde du cardinal, D'Artagnan et Milady) qui devaient se dérouler dans une foule, sans barrières ni équipe de soutien. La scène débutait par une confrontation verbale entre Milady et D'Artagnan, incitant les passants à s'arrêter et à former un cercle autour des acteurs. Quand D'Artagnan dégainait son épée pour menacer Milady, le cercle s'agrandissait automatiquement. L'arrivée du garde du cardinal donnait une nouvelle occasion d'élargir le cercle et de créer l'espace nécessaire au duel. Les déplacements des combattants entre les phrases d'armes permettaient de maintenir la taille de l'espace constant.

Pour ce type de spectacle, une équipe de soutien n'est pas un luxe. Bien que les acteurs ou les cascadeurs puissent créer l'espace sans trop de difficulté, une équipe de soutien peut intervenir discrètement pour le stabiliser et empêcher les intrusions dans le cercle de combat. J'ai parfois dû improviser face à des enfants, des personnes alcoolisées, ou d'autres qui voulaient se mettre en scène.

Klingenmuseum Solingen 1996

Ce type d'intervention est presque impossible sans une chorégraphie de combat bien élaborée.

Combat chorégraphié ou combat scénarisé dans la mise en scène

Dans le domaine des combats scéniques, il est possible de choisir entre un combat chorégraphié ou un combat scénarisé. Chacune de ces approches offre des avantages et des inconvénients qui influencent le rendu scénique et la performance des acteurs.

Combat scénarisé

Le combat scénarisé repose sur une mise en scène sommaire : les détails, les actions et les mouvements sont uniquement esquissés, laissant aux acteurs une grande liberté d'improvisation. Cela permet une réactivité spontanée, donnant au combat une allure plus réaliste.

Avantages :

- Gain de temps lors des répétitions.
- Fonctionne bien avec des partenaires habitués à travailler ensemble.

Inconvénients :

- Les acteurs peuvent éprouver de la peur mutuelle, craignant des blessures.
- Les hésitations et actions ratées rendent le combat maladroit.
- Difficulté à maintenir le rythme et à captiver l'attention du public.
- Risque accru de blessures et de performances peu crédibles.

En général, le combat scénarisé ne permet pas aux acteurs de jouer pleinement leurs personnages ou d'interagir efficacement avec le public.

Combat chorégraphié

Gloire et Défaite, Chinon 2001

La chorégraphie des combats est similaire à celle de la danse, toutes les actions et tous les mouvements sont définis et répétés. Comme un danseur, le combattant apprend la chorégraphie dans les moindres détails et la répète tout au long de la série de représentations.

Créer un combat chorégraphié pour la scène représente beaucoup de travail. Une minute de combat nécessite souvent entre 10 et 15 heures de répétition. Mais avec une chorégraphie, je peux contrôler de nombreux facteurs, comme le jeu des acteurs, les mouvements et les positions sur scène, le rythme, et enfin la sécurité. Avec une chorégraphie, je peux contrôler l'impact d'une scène de combat dans le spectacle et sur l'attention du spectateur, lui permettant de saisir pleinement l'intensité du duel. Un autre avantage est qu'une chorégraphie répétée et intégrée est disponible pendant des années et ne nécessite que peu de répétitions. Il est également possible de reprendre des éléments d'une chorégraphie dans une autre. En d'autres termes, je commence à me constituer un répertoire qui me permettra d'enrichir mes scènes de duel et de créer des combats plus rapidement.

Résumons :

Avantages

- Contrôle accru sur les mouvements, le rythme, le jeu scénique et la sécurité.
- Impact scénique renforcé, permettant au spectateur d'apprécier pleinement l'intensité du combat.
- Possibilité de créer un répertoire de mouvements réutilisables pour d'autres projets.
- Meilleure immersion des acteurs dans leur personnage grâce à une préparation minutieuse.

Inconvénients

- Temps de répétition élevé : entre 10 et 15 heures pour une minute de combat.
- Difficulté à intégrer le travail chorégraphique lorsque les délais de production sont courts.

Je vais donc laisser un peu de côté le scénarisé et tenter d'expliquer certains éléments pour créer une chorégraphie.

Création et répétition de la chorégraphie de combat

La Chanson de Roland – la bataille de Ronceveaux, Avignon 1991

Le travail sur une chorégraphie se déroule en deux parties :

- ***Création de la chorégraphie***

    La création de la chorégraphie, une phase de travail axée sur la technique, au cours de laquelle les combattants trouvent ou apprennent les différentes actions et gestes nécessaires à leur combat avec l'aide d'un chorégraphe.

- ***Répétitions de la chorégraphie***

    Cette étape permet aux acteurs d'intégrer les gestes, de les adapter à leur personnage et de perfectionner le jeu scénique sous la direction du metteur en scène.

Chaque chorégraphe a sa propre méthode de travail. Lorsque le temps le permet, j'ai toujours privilégié une approche collaborative, développant la chorégraphie avec les acteurs, pour une meilleure intégration de leur jeu dans les mouvements. Mais dans ce métier, le temps est souvent un luxe. J'ai constaté que les chorégraphes de combat étaient rarement impliqués dans le développement d'un spectacle. J'ai souvent été engagé au milieu des répétitions ou, dans le pire des cas, quelques jours avant la première. Dans ces conditions, il est difficile de créer et d'élaborer quelque chose de satisfaisant.

Dans l'idéal, un entretien entre le metteur en scène et le chorégraphe a lieu pendant la préparation du projet. Le chorégraphe a reçu le texte de la pièce, éventuellement accompagné de quelques notes explicatives. Lors de la première rencontre, le metteur en scène explique la raison du combat et ce qu'il souhaite voir. La tâche du chorégraphe consiste alors à faire quelques propositions. Le metteur en scène et le chorégraphe se mettent ensuite d'accord sur la manière de procéder et sur la direction que doit prendre la scène.

L'étape suivante consisterait à rencontrer les acteurs, les cascadeurs, les danseurs, bref, les intervenants. Il est toujours important de savoir à qui l'on a affaire. Les acteurs sont-ils sportifs ou non, ont-ils déjà tenu une arme ou pratiquent-ils des arts martiaux ? Peuvent-ils se déplacer ? Il y a beaucoup de détails qui peuvent influencer une chorégraphie de combat.

La situation est bien différente quand nous travaillons pour une animation style marché médiéval. En règle générale, nous avons affaire à des duels classiques comme les jugements de Dieu. De temps en temps, ce sont des combats entre plusieurs combattants en même temps, et rarement des scènes de bataille.

Une scène de jugement de Dieu implique toujours beaucoup de personnes. Et il y a bien sûr les deux combattants, mais il faut aussi le juge, un prêtre, un héraut d'armes et des écuyers. Concernant les armes et les costumes, je peux vous conseiller d'effectuer quelques recherches dans les traités de Talhoffer, qui était un spécialiste des combats judiciaires. Il faut garder en tête qu'un combat asymétrique, c'est-à-dire avec des armes différentes, provoque toujours plus d'intérêt qu'un combat avec des armes pareilles.

Parlons un peu des combats à plusieurs. Un chiffre pair de combattants équilibre la scène, ce qui rend la création d'une tension nécessaire pour démarrer le combat plus difficile. Des situations réunissant un nombre de personnages impair sont par nature plus chargées d'énergie. Néanmoins, pour un duel à 2 ou à plusieurs combattant, grosso modo les mêmes règles s'appliquent.

Mise en scènes des batailles

Les scènes de bataille impliquant des dizaines, voire des centaines de participants, présentent des défis particuliers. Le spectateur, souvent éloigné de l'action, peut peiner à distinguer les individus au sein de la masse. Voici quelques approches pour mettre en scène ces batailles :

1. **Confrontation de masse** : deux groupes s'affrontent frontalement. Si leurs signes distinctifs (couleurs, signes) ne sont pas clairs, le spectateur peut être perdu. Après le contact, les deux groupes se séparent généralement en de nombreux combats individuels. Il est alors difficile de suivre les événements. Il faut donc essayer de regrouper les deux parties adverses de temps en temps.

2. **Formations militaires visuelles** : L'utilisation de formations comme la tortue romaine ou le mur de boucliers structure la masse et crée des images compréhensibles. Ces méthodes, éprouvées dans les grandes mises en scène des « son et lumière » offrent des symboles forts, comme un cercle de chevaliers entouré d'assaillants. Une formation en losange peut très bien protéger les acteurs d'une charge de cavalerie. Il n'est pas nécessaire de lire le grand tacticien Végèce[22] pour trouver des idées. Les films hollywoodiens et certaines productions historiques chinoises offrent une riche source d'inspiration pour ces mises en scène.

---

[22] Végèce, Epitoma institutorum rei militaris

3. **Suivi d'un héros** : Mettre en avant un personnage principal bien visible permet au spectateur de suivre le déroulement de la bataille à travers ses actions. Ce héros guide le public vers les moments cruciaux, agissant comme narrateur implicite de l'affrontement.

Gloire et Défaite, Chinon 2001

4. **Multiplication de petites scènes** : En 2001, au château de Chinon, j'ai mis en place diverses petites scènes dans un camp militaire français attaqué par les Anglais.

Tout a commencé par un cavalier armé d'une lance pourchassant un chevalier en armure qui courait pour sauver sa vie. Ils furent ensuite suivis par une horde de soldats anglais qui se jetèrent sur le camp. Les scènes se succédèrent alors :

- Des femmes et des hommes se défendant avec tout ce qui leur tombait sous la main.
- Un soldat tombant dans la fosse à feu de la cuisine.
- Un soldat sortant de sa tente, les braies sur les genoux, se défendant avec son épée.
- Une tente s'effondrant, ses occupants peinant à en sortir.
- Le commandant du camp courant dans tous les sens pour organiser la défense.
- Une fillette frappant un soldat avec une poêle à frire.
- Un guerrier saisissant une femme, tentant de l'emmener dans un coin tranquille.
- Un père défendant son enfant, et ainsi de suite.

Les combattants tombaient, restaient au sol une minute, puis se relevaient pour continuer à se battre. Les spectateurs, absorbés, ne prêtaient guère attention au sort des combattants tombés. Les habitants du camp formaient une haie de piques, repoussant les assaillants.

Le principe de la mise en scène s'apparente à un montage de film ; les petites scènes sont comme des plans séparés. Certaines scènes se déroulent toutefois simultanément. Le spectateur ne peut donc pas toutes les voir. Mais cela fait partie de la proposition faite au public : le spectateur devient l'observateur d'un affrontement et, pour en connaître tous les détails, il doit échanger avec d'autres observateurs. Ensemble, ils reconstituent le déroulement complet de la bataille.

Ces quatre propositions offrent des pistes pour concevoir une scène de bataille. Avec un peu d'imagination, d'autres possibilités peuvent émerger, répondant ainsi à ceux qui estiment qu'une scène de bataille ne peut être chorégraphiée. Bien que la chorégraphie diffère d'un duel classique, structurer et chorégraphier des scènes de masse est essentiel pour offrir une représentation de qualité au public.

La chorégraphie d'un duel

Abordons maintenant la plus petite unité : la chorégraphie d'un duel. Examinons d'abord quelques principes fondamentaux, avant d'intégrer des techniques de combat médiévales dans une structure chorégraphiée.

Un duel est comparable à une discussion, les armes remplaçant les mots. Comme pour tout texte, il nécessite un titre et un sujet, déterminant le contenu et le style du duel. La première question à se poser est donc : qui s'affronte et pourquoi ?

Un combat entre civils diffère d'un affrontement entre militaires, ou entre un militaire et un civil.

Un duel sans raison apparente devient une simple démonstration technique, manquant de contexte pour le spectateur. C'est le cas classique d'une démonstration d'AMHE. Pour qu'un combat scénique soit crédible, il doit avoir une motivation, influençant l'attitude et le jeu des acteurs. La nature du conflit détermine également le choix des armes.

Un texte est composé de phrases, de mots, puis de lettres. De même, un duel se décompose en plusieurs phases d'armes, chacune constituée de différentes actions techniques formées de gestes successifs. Si l'articulation est mauvaise ou la parole trop rapide, la compréhension devient difficile ; à l'inverse, une élocution trop lente ou exagérée risque de lasser l'auditoire. De même, si je construis des phrases trop longues, les spectateurs ne vont pas attendre la fin.

Dans le combat, le parallèle avec le texte est évident. Si je me déplace trop vite, avec des mouvements imprécis ou inachevés, le public aura du mal à apprécier ma prestation et finira par se désintéresser. Si je combats au ralenti en exagérant mes mouvements, mon action sera certes lisible, mais le public finira par s'endormir. Si les séquences de combat, c'est-à-dire les phrases d'armes, sont trop longues, les spectateurs n'attendent pas la fin et vont se tourner vers autre chose.

Travaillons sur un exemple concret : la scène du jugement de Dieu pourrait durer environ quinze minutes, jeu et paroles compris.

- L'introduction, qui comprend la présentation des combattants et du sujet du différend par le héraut d'armes, dure entre cinq et huit minutes.

- La durée réelle de l'affrontement armé est comprise entre une minute dix et une minute trente, avec les interruptions. Avec les pauses entre les phrases d'armes, nous arriverons à deux minutes trente. Le combat se composera de cinq phrases d'armes, chaque phrase pouvant comprendre un maximum de neuf actions. Il peut donc y avoir des phrases contenant trois ou quatre actions, pour un maximum de neuf. Les phrases sont séparées par des paroles, ainsi que par des moments de récupération après avoir reçu des coups ou changé d'armes. Pendant les pauses, les combattants se déplacent sur le ring en essayant de maintenir le contact avec le public. La dernière passe d'armes marque la fin du duel.

- Les cinq dernières minutes sont consacrées à la clôture de la scène. Dans une scène de jugement de Dieu, le héraut d'armes annonce la victoire, puis le vaincu est emmené.

Bien sûr, les pauses entre les phrases d'armes, même si elles servent à reprendre son souffle, ne sont pas considérées comme des pauses dans le jeu. Comme je l'explique dans un autre chapitre, pour qu'un combat ait lieu, il faut qu'il y ait une certaine tension entre les combattants. L'action se nourrit de la tension, elle la diminue. Ces pauses servent donc en premier lieu à rétablir la tension nécessaire pour poursuivre le combat. Nous pourrions également utiliser ces pauses pour insérer un texte intelligent, à l'opposé de l'habituel « Aaaah, heeey, uffffff, bâtard, je vais te tuer, meurs ». Je ne sais pas si vous l'avez remarqué, mais les textes de certaines scènes de combat ressemblent plutôt à une scène d'amour dans un film pornographique.

Il est important d'essayer de rétablir le contact avec le public dans ces moments-là, car le combat ne se déroule pas seulement entre deux combattants, mais aussi avec des spectateurs et des supporters que vous pouvez mobiliser.

Regardons de près comment se compose une phrase d'arme :

La phrase d'armes se compose d'actions. À mes yeux, une action est d'abord l'enchaînement de gestes dominants d'un attaquant qui rencontrent les gestes de défense de son adversaire. Les règles de combat s'appliquent, comme cela a été expliqué ailleurs. Dans une attaque à l'arme blanche, nous distinguons l'approche, la préparation, l'attaque elle-même, plus ou moins technique, et la retraite. Il est très important de soigner les gestes techniques. Comme le dit le proverbe, « trop d'action tue l'action », on peut aussi dire que « trop de technicité tue la technicité ».

Les super-gestes techniques, qui impressionnent par leur éclat, sont essentiels à chaque combat. Toutefois, il faut les utiliser avec parcimonie. Il y a peu, j'ai vu une vidéo de deux combattants en armure qui commençaient par une série de coups sur la tête de l'un et de l'autre, suivie d'une transition vers une action de demi-épée avec un premier blocage de l'arme, puis d'une tentative de clé, d'une contre-clé, d'une projection et d'un « Mortschlag ». Là, j'ai décroché. Cela m'a rappelé une scène du film de Steven Seagal que j'avais vu il y a quelques années : Seagal mettait son adversaire K.O., lui cassait les deux bras, le soulevait dans les airs, puis le faisait tomber sur son genou, lui brisant le dos. Il le jetait ensuite par la fenêtre, d'où il tombait de quatre étages et s'empalait sur une clôture en acier.

Je pense que vous avez saisi cette notion. L'excellence en combat ne réside pas dans l'enchaînement de mouvements compliqués, mais dans leur application consciente et dans la logique d'un combat.

En même temps, nous allons retrouver un certain réalisme dans les affrontements. Posez-vous la question : qu'est-ce qu'un combat réaliste ? Ce n'est certainement pas un enchaînement de coups compliqués, ni un travail dans l'improvisation et l'insécurité totale. Un combat réaliste se compose des quatre étapes suivantes : approche, préparation de l'attaque, attaque, retraite.

Chaque action et chaque geste sont accompagnés d'une intention réelle, ce qui rend notre présentation crédible aux yeux du spectateur. Bien que le public ne soit pas dupe, il sait très bien que je fais semblant de tuer mon adversaire. Mais il n'aime pas non plus que je fasse clairement semblant. Il veut voir un combat fictif qui se terminera par la mort fictive mais crédible de l'un des adversaires. Le grand public a payé pour cela.

Pour conclure ce chapitre, une dernière question : où puis-je trouver des idées pour mes chorégraphies ?

J'ai déjà proposé quelques pistes, comme le cinéma, mais un bon chorégraphe ne s'invente pas. Ce travail repose sur des années d'expérimentation, d'essais fructueux et d'erreurs. Il a été mené en collaboration avec des comédiens, des danseurs, des cascadeurs, des réalisateurs et des metteurs en scène, ainsi qu'avec un public varié composé de spectateurs d'horizons différents : des plus jeunes aux plus âgés, des enfants aux adultes.

Dans le domaine du combat, un chorégraphe se nourrit de multiples influences, adaptant et intégrant chaque trouvaille à son répertoire pour garantir un impact scénique unique.

La peur devant la non-action

En 2004, le groupe de cascadeurs tchèques Adorea a commencé à se faire un nom dans le milieu. Leurs vidéos étaient visibles sur tous les réseaux sociaux, et ils impressionnaient par leur diversité technique, leur précision, et surtout par la vitesse à laquelle ils exécutaient leurs actions. De nombreuses troupes de théâtre et de cascadeurs ont tenté d'imiter leur style. Malheureusement, la vitesse était souvent le seul élément retenu par les imitateurs.

Dans leurs spectacles, les chorégraphes de la troupe Adorea maîtrisaient très bien le principe du rythme et de la logique dans les actions ; cependant, la plupart de leurs vidéos étaient des démonstrations techniques, de petits enchaînements d'actions détachés du contexte du combat. Il s'agissait de petites phrases d'armes, généralement intégrées dans des chorégraphies plus complexes.

Il me semble que la majorité des troupes qui se sont inspirées du style d'Adorea n'avaient pas compris ce point. Dans la plupart des combats, les adversaires se précipitaient les uns vers les autres. Ils enchaînaient les coups à grande vitesse, souvent à l'aide d'armes en aluminium très légères. Les actions s'enchaînaient sans plan, sans stratégie, et surtout sans préparation. Même pour un escrimeur professionnel, il devenait difficile de suivre le déroulement du combat.

Sur scène, en tant qu'acteur ou cascadeur, nous travaillons pour le public. « Quand nous nous battons sur scène, nous nous battons pour le plaisir du spectateur », disait toujours mon vieux maître Bob. Mais quand je vois ces combats fictifs, exécutés à une vitesse impressionnante, je ne peux m'empêcher de penser que ces acteurs se battent plutôt pour leur propre plaisir. Ces scènes de combat d'une minute et demie ou deux minutes, où l'on se bat sans pause à un rythme effréné, me fatiguent. En observant le public, je remarque qu'une fois les combats terminés, une partie des spectateurs est partie, d'autres discutent avec leurs voisins, et d'autres encore "suffoquent" littéralement, ayant retenu leur souffle pendant toute la durée du combat. Certes, c'était une performance sportive exceptionnelle, mais c'était aussi affligeant, stressant, ennuyeux, et épuisant à regarder.

Il existe cependant quelques règles à connaître sur « l'action », et qu'elle soit produite devant la caméra ou sur scène, les principes se ressemblent.

À mon avis, une scène de duel doit être lisible et suivre une certaine logique de combat, facile à comprendre. Comme le dit le proverbe, je n'apprécie que ce que j'arrive à voir et à comprendre.

Le rapport entre action et tension

Pour être crédible, une action de combat a besoin de tension entre deux adversaires. Sans tension, il n'y a pas de raison de se battre. Regardons les vieux films hollywoodiens. Un exemple classique est celui des duels dans les films de western. Deux personnes se font face dans la rue devant le saloon, se regardent, ouvrent leurs vestes et positionnent lentement la crosse de leur revolver. La tension entre les deux adversaires est palpable. Tous les spectateurs retiennent leur souffle. Au point culminant de la situation, lorsque la tension devient presque insupportable, les deux hommes sortent leurs armes.

La situation d'un duel à l'arme blanche est comparable. Deux combattants se font face, menacés par l'arme de l'autre. La tension monte, et lorsqu'elle atteint son paroxysme, les deux duellistes s'affrontent.

Mais que se passe-t-il une fois que l'action est lancée ? Cela peut se résumer en une phrase : l'action consume la tension. La tension doit nourrir l'action ; elle y est même vitale. Nous sommes alors confrontés à un dilemme. D'un côté, nous ne pouvons pas maintenir le suspense à son plus haut niveau, car cela "épuiserait" nos spectateurs, les obligeant à retenir leur souffle. D'autre part, si la tension disparaît, il n'y a plus de raison de se battre.

Dans le premier cas, trop d'action peut même tuer l'action. Les scènes de combat de plusieurs minutes, où l'action tourne à vide, en sont un exemple. Elles sont exécutées à grande vitesse, avec un enchaînement de prouesses techniques ou d'images choquantes pour compenser le manque de contenu du scénario. Pour un spectateur ayant peu de connaissances en escrime, regarder de tels combats peut être éprouvant. D'un côté, le rythme soutenu maintient une certaine tension dans l'action, mais de l'autre, le spectateur est submergé par des images qui se succèdent trop rapidement et deviennent ainsi incompréhensibles.

Que faut-il faire ? Faut-il laisser la tension être dévorée par l'action ? À un moment donné, il faut la reconstituer pour pouvoir poursuivre le combat. Pour cela, il suffit de faire des pauses dans le combat. Mon vieux maître Bob disait toujours : « le meilleur moment en escrime, c'est quand il n'y a pas d'escrime ». J'ai mis longtemps à comprendre cette phrase. Que voulait-il dire par là ? Il voulait décrire le point de suspension de l'action.

Le point de suspension de l'action

Imaginez que l'un des combattants repousse l'épée de l'autre, mais arrête son coup au-dessus de la tête de son adversaire. Que se passe-t-il maintenant ? Va-t-il frapper ? Dans une autre situation, un combattant se tient sans arme face à la pointe d'une lame. L'action est interrompue pendant un court instant, et une forme de tension devient palpable. Dans les scènes riches en action, ce moment d'interruption est crucial. Cette pause ou "break" aide à :

- Créer la tension nécessaire à la poursuite du combat.

- Créer un rythme de combat important pour maintenir l'attention des spectateurs.

- Permettre aux combattants de récupérer

- Donner aux acteurs l'occasion de se repositionner sur scène.

- Rétablir le contact personnel avec le public, inévitablement perdu pendant le combat.

- Placer les textes et dialogues, car dans la plupart des cas, il est conseillé de séparer le texte de l'action pour une meilleure compréhension.

Il existe de nombreuses façons de provoquer un break naturel dans une phrase d'armes. Cela peut se faire en projetant l'adversaire et en lui laissant le temps de se ressaisir, en le menaçant, en le désarmant, ou en combinant ces actions. Je me souviens de scènes où un combattant était coincé entre les spectateurs ; dans une autre, il avait marché dans un seau qui lui bloquait le pied. Comme toujours, l'imagination est sans limite.

Le geste classique pour interrompre l'action pendant un court instant est de menacer avec une arme, que ce soit la pointe ou le tranchant d'une épée. Comme expliqué dans le chapitre sur la sécurité, nous évitons bien sûr de pointer vers le visage du partenaire.

Ce que nous devons comprendre, c'est que la menace des armes est une question de rapport de force. L'un menace, l'autre résiste, et peut-être en rajoute-t-il une couche. On crée un moment de tension. Mais attention, cela doit être dosé. Si celui qui menace se jette en avant, il tue. Si le menacé réagit trop violemment, il tue aussi. Dans les deux cas, notre duel est terminé. Nous essayons toutefois de prolonger le plaisir. Si la personne menacée cède, elle est écrasée. C'est le cas lorsque le menacé recule sans cesse et perd du terrain. Dans de nombreux cas, les deux adversaires commencent à tourner en rond. L'énergie tombe à zéro, et il n'y a plus de raison de se battre. Il est donc essentiel que la personne menacée donne l'impression de résister.

En résumé, l'immobilité crée de la tension. Le mouvement et le combat permanents la réduisent ; or, la tension est essentielle pour combattre. Nous devons donc intégrer des points où l'action est interrompue, des moments d'immobilité. Ces pauses dans le flux de mouvements nous aident à instaurer un rythme au combat, à maintenir l'attention du spectateur, et à reprendre notre souffle, ce qui est crucial pour la sécurité.

La réalité martiale

L'autre jour, une discussion enrichissante avec deux jeunes passionnés s'est engagée autour d'une vidéo de combat. L'échange était objectif et constructif, jusqu'à ce que l'un d'eux avance un argument souvent entendu : « *Notre objectif est de rester proche de la réalité martiale.* »

Cette phrase, bien qu'intentionnée, soulève de nombreuses questions. La notion de "réalité" dans le combat est complexe et souvent mal définie. D'une part, qu'est-ce que la réalité dans ce contexte ? D'autre part, ma perception de la réalité peut différer considérablement de celle de mon interlocuteur. Et lorsqu'il s'agit de duels, la "réalité" d'un affrontement entre deux civils est bien différente de celle d'un duel entre deux militaires.

En observant l'évolution des représentations martiales au cours des dernières décennies, je constate combien cette "réalité" a changé. Prenons l'exemple du combat médiéval. Dans les années 1980, on nous dépeignait souvent les chevaliers comme des bagarreurs brutaux, sans technique ni finesse. À mesure que la discipline s'est transformée en escrime artistique, les chorégraphies se sont inspirées de l'escrime moderne : parades, contre-attaques, et des jolies postures empruntées aux traditions italiennes (*la posta di donne*) ou germaniques (*der Ochs, der Pflug*).

Aujourd'hui, cette vision a évolué vers des actions très techniques, rapides et visuellement impressionnantes. Pourtant, cela soulève des interrogations fondamentales :

- À quelle vitesse un combattant peut-il analyser une action et réagir ?

- Pourquoi les "combats réalistes" d'aujourd'hui omettent-ils souvent les quatre phases classiques du duel : approche, préparation de l'attaque, attaque, et retraite ?

Les affrontements modernes, aussi spectaculaires que possible, enchaînent des actions rapides sans que le spectateur ne ressente la véritable tension ou le danger inhérent à un combat authentique.

Réalisme scénarisé et improvisation

Une approche alternative est celle des combats scénarisés, visant à capturer une part de vérité à travers une improvisation maîtrisée. Cette méthode rappelle certains comportements observés dans des duels historiques ou modernes, où les combattants civils hésitent, se montrent prudents et manifestent une peur palpable. Les rares vidéos de véritables duels civils des années 1950 ou 1960 disponibles sur YouTube illustrent bien ces attitudes. Dans ces situations, chaque geste trahit la peur de l'erreur fatale, ce qui peut se rapprocher des comportements dans un duel scénarisé.

Cependant, cette approche pose un problème : si elle reflète une part de réalité, elle manque cruellement d'intérêt pour les spectateurs.

Soldats et civils : deux réalités

Le combat entre soldats, en revanche, s'inscrit dans une dynamique complètement différente. Leur formation, combinée à une expérience potentielle de situations extrêmes, modifie leur manière d'aborder le combat. Bien que la peur de la mort reste présente, elle est atténuée par la maîtrise technique et la discipline mentale inculquées au cours de leur entraînement. Ce cadre permet des affrontements structurés, techniques, et empreints d'un engagement total. Civils et militaires, par leurs expériences et leurs perceptions, incarnent deux réalités distinctes du combat.

Tous ces exemples montrent que la réalité d'un combat dépend entièrement de la vision du combattant ou du chorégraphe. Aujourd'hui, rares sont ceux qui ont vécu un combat à mort, un duel pour l'honneur ou des situations similaires impliquant l'utilisation d'armes tranchantes et dangereuses. Et cela nous mène au point crucial : comment réagir face à une arme tranchante, pointue et donc potentiellement dangereuse, voire mortelle ?

Réalité martiale vs réalisme du combat

Cette discussion nous amène à différencier deux concepts souvent confondus : *la réalité martiale et le réalisme du combat.*

La ***réalité martiale*** s'appuie sur des techniques issues de traités historiques. Ces techniques, bien que fascinantes et adaptées à des contextes sécurisés comme les salles d'entraînement ou les compétitions, ne reflètent pas nécessairement les enjeux d'un combat réel. Les maîtres d'armes eux-mêmes mettent parfois en garde contre certaines techniques en situation de danger mortel : ***« Ne le fais jamais si ta vie en dépend. »***

Le ***réalisme du combat***, quant à lui, inclut l'adrénaline, la peur, les blessures, et la brutalité de la confrontation. Ce réalisme brut est rarement compatible avec les attentes des spectateurs, qui recherchent avant tout un spectacle captivant.

Que cherchent les spectateurs ?

Le théâtre, le cinéma, et les reconstitutions ne sont-ils pas avant tout des échappatoires ? Dans un monde saturé par les images de guerre – qu'il s'agisse de l'Ukraine ou des tragédies à Gaza – voulons-nous réellement des représentations trop proches de cette dure réalité ?

Le public cherche à rêver, à s'évader, à plonger dans une histoire qui transporte loin de leur quotidien. Une chorégraphie réussie, qu'elle soit inspirée par les traités historiques ou imaginée pour la scène, doit avant tout captiver, émouvoir et émerveiller.

Ne l'oublions jamais : l'objectif n'est pas de reproduire la réalité, mais de raconter une belle histoire.

Ce que le spectateur ne peut pas voir, ce qu'il peut voir et ce qu'il est prêt à voir.

Ce titre peut sembler étrange pour un chapitre de livre, mais le sujet est essentiel. Nous allons parler de nos spectateurs, qui, comme nous l'avons déjà mentionné, sont au cœur de notre intérêt. Prenons un instant pour nous mettre à la place du public assistant à un combat spectaculaire et nous demander comment il perçoit nos actions.

Il est important de reconnaître qu'il existe des contraintes pour le spectateur dont nous devons tenir compte. Ces contraintes sont d'abord liées à l'espace théâtral, qui impose un angle de vue et une distance spécifique, mais également à des limitations physiques, comme les capacités de nos yeux et la manière dont le cerveau interprète les images qu'ils perçoivent.

Cependant, puisque nous représentons la violence, nous devons aussi accepter les limites psychologiques du spectateur.

Je me souviens d'une pièce de Shakespeare jouée en 1994 ou 1995, *Henry IV*. La bataille de Shrewsbury y était magnifiquement mise en scène avec beaucoup d'action, des combats et des effets spéciaux. Cependant, l'ambiance évoquait davantage le Théâtre de l'Épouvante parisien des années 30 : des cadavres jonchaient la scène, le sang coulait à flots, des membres étaient tranchés, des têtes explosaient sous des coups de massue – une véritable boucherie. Malgré une mise en scène remarquable et des acteurs talentueux, notamment un Falstaff impressionnant, le spectacle fut un échec. Pourquoi ? Parce qu'insister sur des détails réalistes risque de choquer, de déstabiliser et, finalement, d'être rejeté. Il faut donc trouver le bon dosage.

Un cas similaire s'est produit en 2001 lors d'un spectacle à Chinon auquel j'ai participé en tant que comédien, cascadeur et directeur de combat. Nous avions mis en scène le retour des combattants après une bataille. Plutôt qu'une fête médiévale, la matinée s'était transformée en un soin réaliste des blessés, avec des maquillages très détaillés et des morts simulées. Bien que notre souci du réalisme ait été salué, cette partie a été vivement critiquée. Les organisateurs, rappelons-le, voulaient une fête familiale et non une reconstitution historique. Résultat : nous avons perdu le contrat pour l'année suivante.

Ce que le spectateur peut ou ne peut pas voir

La distance et la visibilité

Tout le monde s'accorde à dire que plus un spectateur est éloigné de l'action, moins il est capable de distinguer les petits gestes. Au-delà d'une certaine distance, les mouvements avec une hallebarde ou une longue épée sont beaucoup plus visibles que ceux réalisés avec une épée de cour ou une dague. Mais qu'en est-il à une distance "normale" de 4 à 8 mètres lors d'animations médiévales ?

La vitesse dans le combat

J'ai déjà abordé la question de la vitesse d'exécution dans un autre chapitre. Il est crucial de faire la distinction entre un travail devant une caméra et une présentation en direct devant un public.

Devant une caméra, nous pouvons nous permettre des actions plus rapides. La caméra est comme un œil : elle zoome, filme en panoramique et met en avant des détails. Le réalisateur, par le montage, décide du rythme et de la vitesse d'exécution. Cela nous permet de travailler à notre rythme.

En travaillant devant un public, il faut tenir compte d'un autre facteur. Lorsque des actions rapides s'enchaînent, les images s'accumulent dans le cerveau, qui peut saturer. Résultat : des « sauts » d'information se produisent, et le spectateur peux rater des moments clés du combat. Il dira simplement : *« Je n'ai pas vu ce qui s'est passé. »*

Solutions pour adapter la vitesse

Pour pallier ce problème, la mise en scène propose plusieurs techniques :

1. **Les phrases d'armes**
   Structurer une scène de combat avec des phrases d'armes revient à écrire un texte. Cela aide le spectateur à suivre l'action et permet d'insérer des pauses, essentielles pour maintenir la tension et permettre aux acteurs de respirer.

2. **Les changements de vitesse**
   Alterner des actions rapides et lentes offre un rythme naturel au combat et facilite la compréhension pour le spectateur.
3. **Les images d'arrêt (Freeze)**
   Très populaires dans les années 1990, les « freezes » consistent à figer une action pendant une ou deux secondes, créant une image comme une photo mémorable. Utilisée après un enchaînement très rapide, cette technique permettait de recréer de la tension, de changer le rythme et de créer une image marquante dans l'esprit du spectateur, tout en permettant au public de reprendre le fil de l'action.
4. **Le ralenti**
   Inspiré du cinéma, le ralenti met en valeur des gestes spectaculaires ou clés. Bien qu'irréaliste, il est très apprécié du public et ajoute une touche théâtrale et de dérision à une scène d'action.

Ce que le spectateur ne peut pas voir : l'exemple des lames

Un aspect souvent négligé est la difficulté pour un spectateur de distinguer une lame en mouvement. Selon la distance, la lumière et la vitesse des gestes, une épée peut même sembler disparaître.
Cela présente des avantages :
- Le public ne peut pas juger de la distance entre une lame et un corps, permettant une illusion de sécurité.

- Il renforce l'importance du **langage corporel**, bien plus parlant qu'un geste d'arme seul.

Je vais répéter quelques applications directes :

1. **Le coup d'estoc**
   Cette incapacité des spectateurs à évaluer la distance entre une lame et un corps me permet d'exécuter le coup d'estoc en toute sécurité
2. **Les esquives**
   C'est un exemple parfait d'action spectaculaire et quasiment sans danger. Le public va voir mon geste de frappe et l'action d'esquiver de mon partenaire.
3. **Placer des blessures**
   Simuler une blessure chez mon partenaire n'est pas chose facile, surtout avec une arme lourde. Comme toujours dans ces moments-là, le spectateur va interpréter le langage corporel des deux combattants. Si j'exécute une action ciblée, par exemple contre le bras, et que mon partenaire retire la cible en jouant la carte de la blessure, pour le public, il a été touché.
4. **La « mise à mort »**
   Beaucoup de scènes de combat se terminent par la mise à mort de l'un des adversaires. S'il s'agit de l'un des adversaires importants de la scène d'escrime, le public doit pouvoir assister à sa mort. Ce moment doit être mis en valeur dans la chorégraphie. L'action peut être dissimulée ou exécutée en pleine vue du public. Le spectateur sait et accepte qu'il s'agit d'une

simulation de meurtre. Il est donc essentiel que la scène de la mort soit jouée.

Ce que le spectateur peut voir et ce qui passe mal

Malgré ces limites, certaines maladresses sont visibles et doivent être évitées :

- **Donner des coups dans le vide sans raison.** Un geste sans intention visible est immédiatement perçu comme faux, ce qui brise la tension dramatique.
- **Ne pas cibler son partenaire.** Même si une lame est invisible, le corps du comédien reste le centre d'attention.

Le langage corporel, projeté vers le public, joue ici un rôle crucial. Comme dans un texte parlé, chaque geste doit être *adressé* au public avant de revenir vers le partenaire.

Réalisme et acceptation par le public

L'expérience montre que pousser le réalisme à l'extrême peut se retourner contre nous. Si les effets spéciaux sont amusants, il faut les doser. Le public accepte volontiers des simulacres de blessures sans effusion de sang ou des « morts » pendant une bataille, qui se relèvent pour créer un effet de masse.

Dans des spectacles de rue ou dans une arène, il est pratiquement impossible de cacher une action comme plaquer une lame sur le corps du partenaire ou simuler une mise à mort. Il y aura toujours des spectateurs qui remarqueront la supercherie. Pourtant, si l'action est bien développée, ces détails seront acceptés.

Nous avons vu qu'il y a beaucoup de choses qu'un spectateur peut voir, mais aussi ne pas voir, qu'il accepte de voir ou non. Peut-être faut-il encore ajouter de petites erreurs de chorégraphie ou des oublis, qui nous arrivent à tous pendant une présentation. Même ces erreurs peuvent être pardonnées ou deviennent même invisible si elles font partie intégrante du jeu des acteurs.

Sécurité dans l'escrime scénique

La sécurité, en particulier pour les armes lourdes, est un sujet primordial. Bien que tout le monde en parle, la notion reste paradoxalement floue dans les discussions générales entre escrimeurs et dans la littérature spécialisée française. Chaque maître d'armes et entraîneur semble avoir ses propres idées à ce sujet. À l'inverse, dans la littérature anglophone, la sécurité est abordée de manière plus systématique. Rien que la liste des ouvrages consacrés au « stage fencing » y est bien plus longue qu'en francophonie, et tous les auteurs y dédient au moins un chapitre détaillé.

Pourquoi une telle différence ? Probablement parce que les ouvrages anglophones s'adressent avant tout à des professionnels de l'industrie du divertissement, comme les acteurs et cascadeurs. En France, en revanche, l'escrime artistique demeure majoritairement un domaine amateur.

Nous sommes pourtant directement responsables de la sécurité sur nos terrains de combat : celle de nos partenaires, de nos spectateurs et de nous-mêmes. Cette responsabilité n'est pas à prendre à la légère. Les armes que nous utilisons, bien que "sécurisées", étaient initialement conçues pour blesser ou tuer. Par conséquent, il est essentiel de consacrer une réflexion approfondie et au moins un chapitre complet à ce sujet.

Sécurité active et passive

J'aimerais introduire ici le concept de **« sécurité active »**. Pour mieux le comprendre, il est utile de commencer par définir son opposé : la **« sécurité passive »** : Celle-ci repose sur l'utilisation d'équipements de protection, comme des masques, des combinaisons en kevlar ou des gants. Ces équipements libèrent l'escrimeur de l'inquiétude liée à sa propre sécurité ou à celle de son partenaire. Cette approche peut être comparée à celle des chevaliers du XVe siècle, qui, lourdement protégés par leurs armures, combattaient sans retenue, convaincus de leur invulnérabilité.

La **« sécurité active »** requiert que l'escrimeur soit en permanence conscient de sa propre sécurité, de celle de son partenaire et de l'état de son équipement. Cela implique une maîtrise complète de son arme, le respect de règles strictes que je vais tenter d'expliquer, ainsi qu'un entraînement rigoureux axé sur la sécurité.

Les distances

La gestion des distances entre escrimeurs est cruciale pour garantir la sécurité. Agrippa, au XVIe siècle, notait déjà que la distance est plus courte lors d'un coup de taille que pour une estocade. Cela s'applique aussi à l'escrime scénique. Lors d'une estocade, la distance doit permettre à la pointe de la lame de s'arrêter à 10-15 cm du corps de l'adversaire. En revanche, pour un coup de taille, la lame doit pénétrer dans la silhouette de l'adversaire, ce qui correspond à un impact avec le dernier tiers du fer. Là encore, la force doit être dosée pour que la lame s'arrête à 10-15 cm du corps. Si cela est difficile avec des armes lourdes, des alternatives comme les esquives ou les déflexions peuvent être envisagées.

Comment définir la distance entre deux combattants ?

On peut distinguer trois situations :

- **Hors distance** : Lorsque je ne peux pas toucher mon adversaire directement.
- **Distance de travail** : Lorsque je peux toucher mon adversaire avec une action simple.

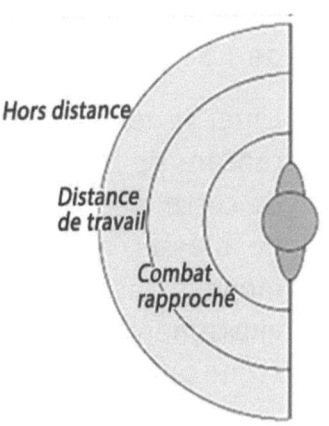

- **Combat rapproché** : Lorsque je suis suffisamment proche pour engager un corps à corps.

La distance de travail est déterminée par la longueur de l'arme utilisée. Je suis en position de travail lorsque je parviens à toucher mon partenaire avec les bras allongés. Autrement dit, si je dois plier le bras pour pouvoir frapper, c'est que je suis trop proche.

Comment arrêter un coup de taille ?

Depuis des décennies, j'entends dire qu'il faut arrêter les coups à 10-15 cm de la cible pour ne pas blesser le partenaire. Mais comment y parvenir ? Peu de formateurs montrent des méthodes efficaces pour contrôler l'arme. Un exercice classique est celui du **« *coup de confiance* »,** où l'on frappe une cible précise en essayant d'arrêter la lame. On prend un objet solide, une chaise ou une barre, voire son partenaire pour les plus téméraires, et on frappe avec une force dosée afin d'amortir le coup. Cet exercice est relativement simple avec une arme légère, comme une épée de cour de 700 g. En revanche, avec une épée bâtarde de 1,5 kg, la tâche devient plus ardue.

L'inertie de l'arme complique le contrôle. Lorsque nous tentons de freiner une lame lourde, notre bras subit l'effet de cette inertie, rendant l'arrêt précis difficile. Par crainte de blesser notre partenaire, nous amplifions parfois le mouvement, ralentissons le coup ou frappons à côté. Ces ajustements, bien qu'intuitifs, nuisent à la crédibilité de la scène et augmentent paradoxalement les risques.

Pour contourner ce problème, on peut appliquer un principe classique de l'escrime : **la lame suit la main.** En arrêtant la main qui tient l'arme, plutôt que la lame elle-même, on peut neutraliser le coup avant qu'il n'atteigne la cible.

L'importance de l'angle naturel

Pour cela, il est essentiel de respecter un *« angle naturel »* entre l'avant-bras et l'arme. Prenons une arme à une main,

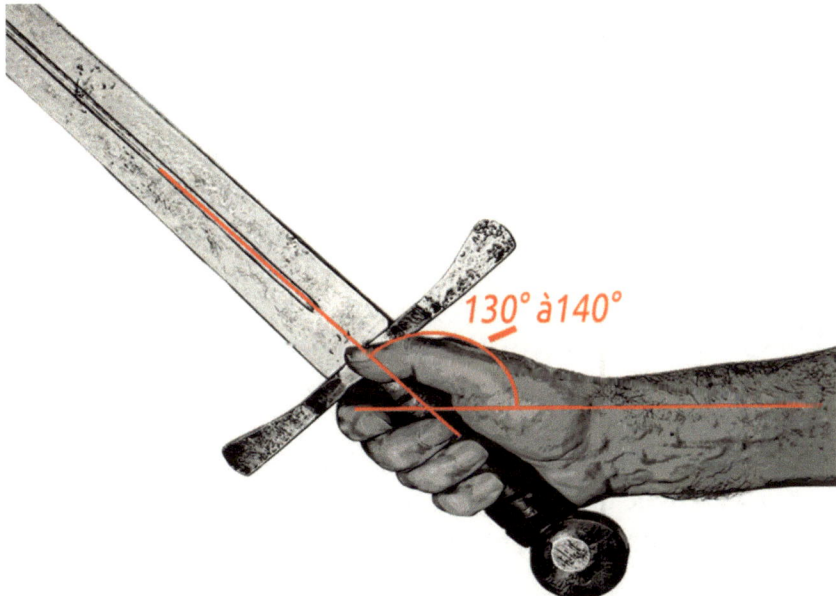

comme une épée, avec une prise de marteau. Si l'on tend le bras en bloquant le poignet, l'arme forme généralement un angle entre 130° et 140° avec le bras. L'objectif est de maintenir cet angle pendant la frappe.

Lors d'un coup porté à la tête, par exemple, la main ne doit pas descendre en dessous du menton. Cela garantit que la

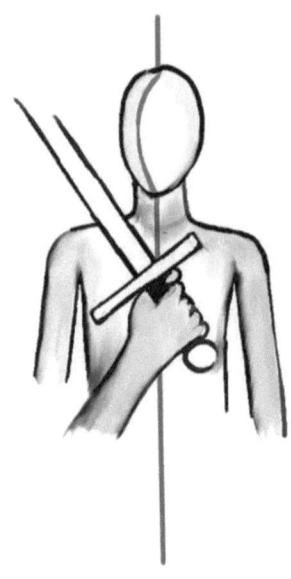

lame reste à une distance sécuritaire de 10-15 cm de la tête du partenaire. Le même principe s'applique aux coups portés à d'autres parties du corps. En stoppant la main armée à la hauteur de la ligne médiane, tout en maintenant l'angle initial, on peut s'assurer que la lame reste à distance.

Un poignet légèrement raidi empêche aussi l'arme de basculer, notamment lorsqu'elle est parée. Ce contrôle réduit les risques de touches accidentelles, en particulier si la parade est mal exécutée.

L'objectif de l'attaque et l'utilité de l'allongement du bras à la fin d'un coup

Nous combinons maintenant l'utilisation de **« l'angle naturel »** avec un coup sur une cible précise, en terminons avec le bras entièrement allongé.

Les cibles des attaques sont toujours situées sur le corps du partenaire (exception faite des attaques visant les armes et des esquives). Il est indispensable de les définir clairement dans les chorégraphies. Pour des raisons évidentes, nous évitons d'attaquer ou de menacer le visage, même si la fameuse botte de Nevers demeure un grand fantasme dans notre milieu.

Les avantages des cibles prédéfinies sont nombreux :

1. Une attaque sur une cible bien définie donne plus de volume et de réalisme à l'action, tout en la rendant plus compréhensible pour le spectateur. Plus la cible est attaquée avec précision, plus il est facile pour le partenaire de s'adapter et de réagir en conséquence. À l'exception des mouvements d'esquive, aucun coup ne devrait passer à côté du corps.

2. Un bras allongé à la fin du coup est une règle ancienne de sécurité en escrime, applicable aussi bien à l'estoc qu'au coup de taille. Cette posture permet d'évaluer la distance entre soi et son partenaire : si le bras doit être plié pour conclure l'attaque, c'est que la distance est trop courte. En outre, un bras tendu améliore la lisibilité de l'action pour le public. Pour les mêmes raisons, les feintes s'exécutent également avec le bras allongé.

Le coup d'estoc

Pour une raison que j'ignore, le coup d'estoc est souvent considéré comme une action dangereuse. Pourtant, c'est un geste simple à exécuter, bien plus que le coup de taille. L'escrime d'estoc a d'ailleurs gagné en popularité à partir du XVIIe siècle grâce à la simplicité de ce mouvement et à sa facilité d'apprentissage.

Reprenons l'ancienne règle de sécurité consistant à allonger le bras et appliquons-la au coup d'estoc. L'action débute toujours par un mouvement de la main en direction de la cible. Les anciens règlements d'escrime modernes du XXe siècle stipulent encore que chaque attaque doit être précédée d'un allongement du bras.

Lorsque j'allonge le bras dominant avec une arme à deux mains, la pointe de l'arme reste devant moi, ce qui me permet de voir précisément jusqu'où je peux avancer sans toucher mon partenaire. De plus, l'incapacité du public à évaluer correctement la distance entre la pointe de l'arme et le corps de l'adversaire me permet de rester à une distance relativement sûre. En respectant cette règle simple, l'estocade devient en réalité une action plus sécurisée que le coup de taille.

Les esquives

Les esquives sont des actions spectaculaires qui comportent très peu de risques lorsqu'elles sont bien exécutées. Elles peuvent être regroupées en trois catégories principales :

1. Les esquives des coups horizontaux.
2. Les esquives des coups verticaux.
3. Les esquives des coups sur les diagonales.

Les coups à esquiver sont les seuls qui sont portés dans le vide. Étant donné que le public ne peut pas toujours évaluer la distance réelle entre l'arme et le corps de notre partenaire, il est essentiel de choisir une trajectoire qui tienne compte de la possibilité que celui-ci ne réagisse pas ou reste sur place.

Les esquives des coups horizontaux

Quatre trajectoires classiques sont utilisées :

- **Par le dessus de la tête**

    Notre geste vise au-dessus de la tête de notre partenaire pendant que lui va s'abaisser.

- **Devant le visage**

    L'arme passe à la hauteur des épaules entre l'exécutant et le partenaire, qui réagit en retirant la tête en arrière. Pour plus de sécurité, je combine l'action avec un pas de retraite.

- **Au niveau de l'abdomen**

    À l'instar de la trajectoire hauteur épaule, l'arme passe devant l'abdomen de mon partenaire qui effectue alors un bond en arrière. Là encore, j'accompagne l'action d'un pas de retraite pour garantir une plus grande sécurité.

- **Sous des pieds**

    L'action donne l'illusion d'une tentative de découper les pieds du partenaire. Cependant, l'arme passe toujours devant ses pieds sans s'en approcher dangereusement. Si mon partenaire est en hauteur devant moi, par exemple sur une table, c'est la même chose. Nous ne risquons pas de lui porter de coup dans les jambes. Il lui suffit de faire un bond vertical pour créer l'illusion qu'il échappe à l'attaque in extremis.

Les esquives des coups verticaux

Pour esquiver un coup vertical, je pivote sur mon pied avant ou arrière, en fonction de la situation. Cette rotation crée une dérive par rapport à la trajectoire de l'arme.

Les esquives des coups diagonaux

Sur les axes diagonaux, les coups peuvent être descendants ou ascendants. Les règles de base restent les mêmes : choisir une trajectoire qui anticipe une éventuelle réaction tardive ou inexistante de la part de mon partenaire.

- **Coup descendant**

Mon « adversaire » plonge sous l'arme qui descend vers lui.

- **Coup ascendant**

Mon partenaire retire le haut de son corps dans la direction du mouvement de l'arme.

Menacer son partenaire

Dans un combat, les pauses sont nécessaires pour instaurer un rythme, gérer la tension dramatique ou reprendre son souffle. Une action classique pour maintenir l'intensité est de menacer son adversaire. Nous avons l'habitude de le faire avec la pointe de l'épée, mais une épée médiévale permet également de menacer avec un coup de taille puissant.

Revenons sur la menace avec la pointe de l'épée. Par souci de sécurité, nous évitons de pointer la lame vers le visage de notre partenaire. De plus, le spectateur ne peut pas voir quelle partie du corps est menacée. À ce moment, c'est notre langage corporel qui donne toute sa crédibilité au geste.

Pour illustrer une règle de sécurité importante, imaginons une situation concrète : votre partenaire s'approche et vous menace d'un grand coup de taille. Vous reculez alors et le menacez avec la pointe de votre épée. Dans un tel cas, il est essentiel de ne jamais placer toute l'arme entre vous et votre partenaire.

Pourquoi ? Si celui-ci trébuche ou perd l'équilibre, l'arme risque de se coincer entre vos corps, entraînant un accident grave.

La règle est la suivante :

- Pointe en dedans, main en dehors.
- Main en dedans, pointe en dehors.

Cette posture permet de libérer l'arme rapidement en cas d'imprévu, évitant ainsi tout danger.

Les désarmements

Désarmer un adversaire est un art majeur. Dans la réalité d'un combat, cela représente un risque élevé. Pour être crédible dans une chorégraphie, ce risque doit être justifié pour rester crédible. Par ailleurs, c'est une excellente alternative à la mise à mort dans une scène.

Quelques anecdotes illustrent la dangerosité des désarmements mal exécutés :

- Lors d'une représentation de *la Chanson de Roland* en 1993 à Avignon, une épée s'éleva dans les airs, tourna plusieurs fois sur elle-même avant de se planter entre les pieds d'un acteur, provoquant un silence hypnotique dans la salle.
- En 1998, à Wesel, en Allemagne, une représentation d'*Hamlet* fut interrompue lorsqu'un spectateur du troisième rang fut touché au visage par la rapière de Laërte. Le Samu dut intervenir.

Ces incidents démontrent que les désarmements doivent être exécutés avec précaution.

Voici quelques principes :

1. Les désarmements sûrs impliquent de saisir l'arme directement dans la main du partenaire.
2. Les désarmements impliquant une arme qui tombe doivent orienter celle-ci vers le sol et l'arrière-scène.
3. Les lames projetées dans les airs, bien que spectaculaires, sont à éviter pour des raisons de sécurité.

Les chutes

Les chutes sont un élément essentiel du combat scénique. On peut les classer en deux grandes catégories : les chutes au sol à hauteur d'homme et les chutes de hauteur. Pour ces dernières, il est fortement recommandé de consulter un cascadeur spécialisé, ce qui m'amène à ne pas m'y attarder.

Les chutes au sol à hauteur d'homme sont courantes dans les combats et se divisent en trois types : les chutes en avant, les chutes en arrière et les chutes latérales. Ces trois types de chute sont proches de celles enseignées en judo, avec une différence de taille : lors d'une chute, le judoka frappe avec le plat de la main sur son tatami pour casser l'énergie cinétique. En règle générale, nous chutons sur des sols durs ; nous évitons donc de frapper le sol et nous cherchons à résorber l'énergie cinétique avec notre corps.

Pour exécuter des chutes en spectacle en toute sécurité, il est essentiel de maîtriser la technique appropriée et de prendre des précautions pour éviter les blessures.

Voici les étapes clés pour réussir vos chutes en spectacle en toute sécurité :

La chute en avant

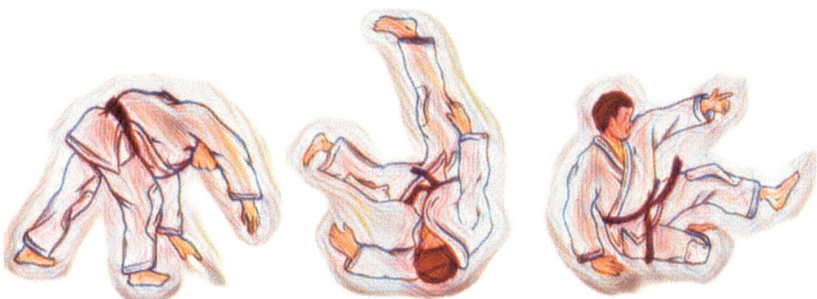

Premier exercice : l'objectif est d'effectuer une roulade en diagonale, de l'épaule vers la hanche opposée, c'est-à-dire de l'épaule droite vers la hanche gauche ou de l'épaule gauche vers la hanche droite. En règle générale, les droitiers roulent par-dessus l'épaule droite et les gauchers par-dessus l'épaule gauche.

Pour les droitiers :

1. **Position de départ** : mettez-vous à quatre pattes.

2. **Initiation de la chute** : Soulevez le bassin et poussez doucement avec les pieds.

3. **Contact avec le sol et protection de la tête** : rentrez le menton vers la poitrine et dirigez la main droite vers la hanche gauche. Ce mouvement vous fera basculer sur le dos sans que votre tête ne touche le sol.

4. **Retour à la position initiale** : poursuivez la roulade pour arriver sur vos pieds, le pied droit devant et le

pied gauche derrière, ce qui permet de se relever immédiatement si nécessaire.

Deuxième exercice : Commencez cet exercice lentement. Au fur et à mesure que vous gagnez en assurance, relevez-vous davantage et prenez plus d'élan.

La chute en arrière

Premier exercice : cet exercice se pratique à deux. Tenez la main droite de votre partenaire pour assurer sa sécurité. En tenant votre main, votre partenaire s'assoit lentement au sol, roule sur le dos en rentrant le menton vers la poitrine, puis pousse les jambes vers l'avant pour s'allonger complètement sur le dos.

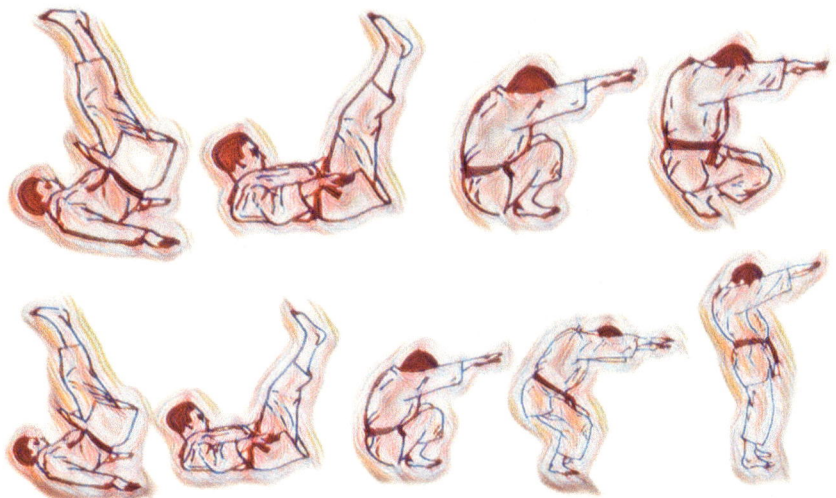

Deuxième exercice : pour gagner en souplesse et en assurance, effectuez des roulades arrière. Comme pour le premier exercice, votre partenaire vous accompagne. Asseyez-vous au sol, roulez sur le dos, puis passez les jambes par-dessus la tête et poussez fermement avec les deux bras pour continuer la roulade. L'objectif est de se mettre debout sur les pieds.

La chute latérale

1. **Position de départ** : tenez-vous debout, les pieds écartés à la largeur des épaules, avec une légère flexion des genoux pour assurer une bonne stabilité. L'objectif est de tomber sur le flanc, sans se laisser tomber directement sur l'épaule ou la tête.

2. **Initiation de la chute** : choisissez le côté vers lequel vous allez chuter (par exemple, le côté droit).

Avancez légèrement le pied droit et transférez votre poids sur la jambe d'appui (gauche).

3. **Descente contrôlée** : fléchissez le genou gauche tout en abaissant votre corps vers le sol. Simultanément, inclinez votre torse vers la droite, en gardant le dos droit et le regard vers l'avant. Le bras du côté où l'on tombe est tendu pour amortir l'impact, tandis que l'autre bras peut être utilisé pour protéger la tête et éviter qu'elle ne frappe le sol.

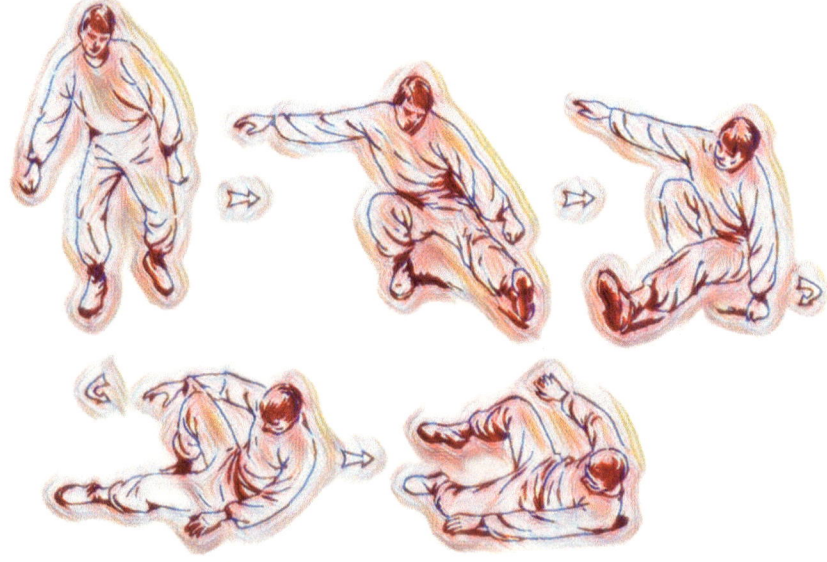

4. **Contact avec le sol** : votre hanche droite et votre flanc droit entreront en contact avec le sol en premier. Il faut essayer de faire en sorte que l'impact soit absorbé par la paume de la main et non par les doigts ou le poignet afin d'éviter les blessures. Il faut

également veiller à bien rouler sur le côté afin de répartir la force de la chute.

5. **Protection de la tête** : rentrez le menton vers la poitrine pour éviter d'heurter le sol de la tête.

6. **Retour à la position initiale** Après la chute, utilisez vos bras et vos jambes pour vous relever rapidement et retrouver votre position debout.

Il est recommandé de pratiquer ces exercices sur une surface souple, comme un tapis de gymnastique, et de s'entraîner progressivement pour développer la confiance et la maîtrise nécessaires. Il est toujours bénéfique de faire quelques entrainements dans un dojo avec des pratiquants de judo ou d'aïkido et consulter des ressources spécialisées.

Des armes dites « sécurisées »

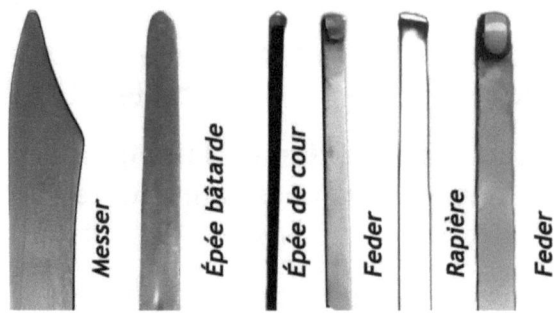

Pointes d'épées «sécurisées»

Une arme sécurisée relève de la sécurité passive. Ses pointes sont retournées, arrondies ou aplaties, et les tranchants ne coupent pas, ayant généralement une épaisseur supérieure à un millimètre.

Un jour, lors d'un entraînement, mon ami Jean-Pierre Maurin m'attaquait avec un sabre sportif. La lame avait une jolie pointe bien retournée. Pourtant, sur un coup d'estoc, elle s'est glissée entre l'annulaire et le petit doigt, pénétrant jusqu'au milieu de ma main droite. Bien sûr, c'était ma faute : connaissant bien Jean-Pierre, j'aurais dû porter des gants.

Cela rappelle qu'aucune arme n'est véritablement inoffensive. Travailler avec des armes, même dites « sécurisées », implique toujours un risque.

Dans mes cours, j'ai souvent constaté que les armes jugées *« moins dangereuses »* causent paradoxalement plus d'accidents. Par exemple, lors d'entraînements avec des cannes de combat, les petits hématomes et coups sur les mains sont monnaie courante.

CLADIO – Latène 2010

Entre 2002 et 2012, j'ai travaillé à l'université de Lausanne (UNIL) sur la reconstitution de techniques de combat celtique dans le cadre de l'archéologie expérimentale. Au début, nous utilisions des épées en bois. Le système fonctionnait plutôt bien. Cependant, nous devions travailler à très faible vitesse. Un jour, j'ai eu l'excellente idée d'envelopper une lame d'épée en bois dans une gaine en mousse. Depuis, le nombre d'accidents a été multiplié par quatre : les participants, croyant être mieux protégés, s'enhardissaient et prenaient davantage de risque.

En 2008, en Allemagne, deux spécialistes des AMHE ont participé à des exercices de combat en armure. Ils portaient chacun une armure complète de type XVIIe siècle, mais utilisaient des simulateurs d'épée longue en polymère de la marque Rawlings. Lors d'une attaque, l'un des combattants a pénétré le casque de son ami avec la lame de l'épée par la fente de l'œil, le blessant grièvement et le laissant handicapé à vie.

Il semble qu'une arme en acier inspire davantage de respect. Les formateurs doivent sensibiliser les élèves à la dangerosité des armes, y compris celles en bois, plastique ou mousse.

Pour réduire les risques :

- **Entretien** : Une lame rouillée est fragilisée et dangereuse.
- **Morphologie** : Les pointes doivent être arrondies, les tranchants épais d'au moins 1,2 mm voir plus, et les quillons dépourvus d'extrémités acérées.
- **Maintenance** : Les tranchants doivent être limés régulièrement pour éviter l'apparition d'éclats.

Conclusion

En tant qu'acteurs, nous disposons de peu de moyens pour nous protéger passivement. Si des gants ou des éléments d'armure peuvent être intégrés au costume, la sécurité active demeure notre meilleure arme. Il s'agit d'une responsabilité partagée : nous devons privilégier la santé de nos partenaires et des spectateurs à toute mise en scène spectaculaire.

La construction d'un combat

Le combat médiéval est essentiellement offensif. L'idée de structurer un combat autour de la défense n'est pas la plus appropriée pour l'escrime médiévale, où l'attaque domine. La chorégraphie doit être lisible et compréhensible pour le spectateur : l'on ne peut apprécier que ce que l'on perçoit aisément.

Dans ce chapitre, je m'appuie sur le système germanique liechtenauerien et plus particulièrement sur le traité de Meyer de 1570[23], qui, comme je l'ai déjà évoqué, est une œuvre étonnamment moderne. Je vais rassembler quelques éléments de base qui peuvent nous aider à construire une escrime de style médiéval.

Les cibles d'attaque

Dans un combat scénique les gestes se doivent d'être précis, d'une pour permettre une bonne lecture par le spectateur et d'autre pour des raisons de sécurité. Les cibles sont déterminantes pour la sécurité et la compréhension de l'action : plus une attaque est précise, plus elle sera crédible, et plus votre partenaire pourra anticiper et réagir correctement. Les traités décrivent souvent les cibles en quatre zones divisées par des lignes horizontales et verticales, avec des points vitaux comme la tête, le cou, les épaules, et les bras.

---

[23] Joachim Meyer, Ritterliche und Frei …, 1570

Dans les premiers traités, de nombreuses actions autour des points vitaux sont encore décrites. Cela change vers la fin du Moyen Âge, lorsque l'enseignement dans les salles d'armes commence à se répandre dans les villes.

Dans son traité, Meyer évoque les "Blössen", les ouvertures, comme cibles potentielles. La version simple est la suivante : on divise son adversaire en quatre par une ligne verticale et horizontale et on obtient ainsi quatre ouvertures. A l'intérieur de ces 4 ouvertures, les cibles principales restent comme auparavant la tête, le cou, les épaules, les bras et les hanches. En cas d'attaque sur les jambes, les cibles restent au-dessus du genou.

Les postures de garde

Les postures de garde, telles que *le bœuf, la charrue, du jour*, et *le fou*, servent de points de départ pour les actions offensives. Il ne s'agit pas de positions figées, mais de transitions qui permettent de maintenir l'offensive tout en variant les angles d'attaque. Ce ne sont pas des positions de garde telles que nous les connaissons dans l'escrime moderne. Pour ne pas donner trop d'informations à mon adversaire, je n'ai aucun intérêt à m'y attarder longtemps.

- **Le bœuf (Ochs)**

    La partie supérieure de l'homme est attribuée au bœuf. On peut diviser la posture du bœuf en deux variantes, le bœuf droit et le bœuf gauche.

    Le bœuf droit se fait de la manière suivante : On avance le pied gauche et on tient l'épée avec la poignée près de la tête, à hauteur de l'oreille droite, de manière que la pointe soit dirigée vers l'adversaire. Pour le bœuf gauche, on fait exactement l'inverse.

- **La charrue (Pflug)**

    La partie inférieure de l'homme est attribuée soit à la charrue droite, soit à la charrue gauche. Les deux ne sont en soi rien d'autre qu'une position pour un coup d'estoc par le bas.

    Charrue droite : on avance le pied droit, on tient l'arme avec la poignée à hauteur de la ceinture, les mains pointent vers la gauche, la lame est légèrement en diagonale et la pointe est dirigée vers le corps de l'adversaire. Si l'on avance le pied gauche et que l'on fait de même, on se trouve en charrue gauche.

- **Du jour (vom Tag)**

La garde du jour, également appelée garde supérieure, s'effectue comme suit : on place le pied gauche en avant et on tient l'épée haut au-dessus de la tête, légèrement en diagonale, la pointe vers l'arrière.

Tout ce qui est exécuté par le haut est appelé combat à partir du jour ou garde supérieure. La position peut également être exécutée avec le pied droit devant.

- Le fou (Olber)

Meyer pense que le mot Olber est dérivé du mot Alber, qui signifie "simple d'esprit". Ceci surtout parce que cette attitude ne permet pas de réussir un coup parfait.

Le fou s'exécute de la manière suivante : On avance le pied gauche et on tient l'épée devant le pied avant, la pointe tendue vers le sol, le court tranchant vers le haut et le long tranchant vers le bas.

Dans le traité de Meyer, nous trouvons treize positions pour l'épée - la garde de colère, la porte de fer, la garde de barrière, la garde latérale, la garde suspendue, le changement, la clé, la licorne et la longue pointe. Nous en trouvons une vingtaine d'autres dans d'autres textes.

Et j'insiste sur le fait que les positions ne sont pas des positions de garde défensives, mais des points de départ pour les attaques et des points de passage pour les coups.

Les coups

A partir de ces gardes, nous définissons trois familles de coups :

- ***Coup supérieur :*** vertical ou diagonal du haut vers le bas (*Oberhau*).
- ***Coup médian :*** horizontal, parallèle au sol (*Mittelhau*).
- ***Coup inférieur :*** coups ascendants, principalement en diagonale, mais aussi verticalement (*Unterhau*).

Les trois types de coups permettent de varier l'angle d'attaque, avec une préférence pour les coups descendants qui minimisent l'exposition.

Nous faisons également la distinction entre les coups directs et les coups inversés, c'est-à-dire les coups portés avec le contre-tranchant.

Dans les traités, on trouve un grand nombre de coups différents. Ça donne l'impression que chaque maître s'est efforcé d'en inventer au moins un. Dans ce qui suit, nous allons nous intéresser à ce que l'on appelle ***les coups de maître.***

« Non pas parce que celui qui peut les exécuter correctement est un maître de cet art, mais parce que toutes les actions se développent à partir de ces coups et que celui qui peut les exécuter correctement peut être considéré comme un escrimeur habile », explique Meyer.

Il existe cinq coups de maître :

- **Le coup de colère** est un coup direct et oblique de l'épaule droite ou gauche (voir garde de colère) contre l'oreille de l'adversaire à travers les deux lignes diagonales qui se croisent au-dessus de la ligne verticale. Il s'agit du coup le plus fort. Il est également appelé coup de guerre ou coup de père.

- **Coup crochu (Krump)** est exécuté comme suit : depuis la garde furieuse, lorsque l'adversaire frappe vers ma gauche, on fait un pas contre vers la droite et on frappe avec le long tranchant et les bras croisés entre la tête et la lame en travers de sa main. Ce faisant, on passe la lame au-dessus du bras. Ce coup peut également être utilisé contre un coup vers ma droite en faisant un pas vers la gauche et en frappant avec le contre-tranchant entre tête et lame.

- **Le coup travers (Zwerch)** est un coup médian effectué avec le long tranchant ou le court tranchant. Depuis la position de la colère droite, le pied gauche en avant, on frappe horizontal en même temps que l'adversaire, en tournant la main, avec le contre-tranchant vers sa tête. De même de la position de la colère gauche, le

pied droit en avant, on frappe avec le tranchant vers sa tête.
- **Le coup de bigle (Schiel)** est également un coup supérieur. On l'appelle ainsi parce qu'on regarde un peu du coin de l'œil en frappant. C'est un coup vertical inversé avec le contre-tranchant. Depuis la position du jour ou de la colère, le pied gauche en avant, on frappe en même temps que l'adversaire, en tournant la main, avec le contre-tranchant vers la tête de l'adversaire. En même temps, on déplace le pied droit vers la gauche.
- **Le coup crânien (Scheitel)** est un coup vertical direct porté du haut de la position de jour au milieu de la tête de l'adversaire.

Je ne pense pas qu'il soit d'un grand intérêt pour nous d'entrer dans d'autres descriptions de différents coups figurant dans les traités, mais j'invite chacun à faire quelques recherches. Les sources sont disponibles en version originale et en traduction sur Internet.

La tactique du combat et son utilisation pour la chorégraphie

En escrime olympique également, l'attaque est divisée en trois parties : Préparation ou approche, attaque et touche, retrait. Chez Meyer 1570, on peut lire : « Zufechten, Handarbeit, Abzug (approche, travail de mains, retrait) ». Ces trois phases étant clairement définies, il me semble judicieux de les utiliser comme structure de base pour une chorégraphie.

De tout temps, les brutes assoiffées de sang ont eu mauvaise réputation. Dans les textes, ils sont appelés « paysans » ou « bœufs », on parle aussi de « combattants naturalistes » qui comptaient sur leur force brute et leurs réflexes. Ils étaient généralement considérés comme très redoutables mais, avec un peu d'expérience, ils étaient faciles à dompter. En escrime, l'habileté, la réflexion et la tactique l'emporteront toujours sur la force brutale.

Pour l'escrimeur moderne d'aujourd'hui, il est préférable de savoir quand l'autre va attaquer. Une tactique courante consiste à déclencher l'attaque de l'adversaire, puis à parer et à riposter. C'est le principe de l'escrime défensive.

Il en va différemment avec une arme de taille, qui n'est pas utilisée pour la défense. Comme nous l'avons déjà mentionné au début de ce chapitre, les combattants sont offensifs. La phrase « l'attaque est la meilleure défense » semble ici mieux convenir. Il s'agit de prendre l'initiative.

Dans les textes germaniques, cette tactique est réduite à quatre mots : « Vor - Nach - Gleich – Indes », qui peut être traduit par « avant, après, en même temps, pendant ». L'attaquant est dans l'avant, il a pris l'initiative. L'agressé se trouve dans l'après. Il subit l'attaque. L'un va essayer de garder l'initiative, l'autre va essayer de la reprendre et de renverser la vapeur.

Le terme « en même temps » désigne une situation dans laquelle les deux combattants frappent en même temps. S'ils utilisent le même coup, par exemple un coup de colère de droite, les deux coups se neutralisent. Si les coups sont différents, il y a un risque que les deux soient touchés.

Il existe différentes interprétations du mot « pendant ». L'explication la plus simple est qu'il ne faut pas perdre la vue d'ensemble de la confrontation pendant l'action, qu'il faut par exemple voir qu'en même temps que j'attaque l'ouverture à gauche, je m'ouvre aussi sur ma gauche, de même que l'effort pour dévier mon arme expose mon adversaire à droite. Ce mot ne signifie rien d'autre que la nécessité pour un combattant de garder un certain recul.

Les phases de combat — approche, engagement, retrait — correspondent bien aux étapes chorégraphiques. Une scène pourrait commencer par une série de feintes dans l'approche, suivie d'un engagement intense (Handarbeit), avant un retrait contrôlé pour préparer une nouvelle attaque. Dans le combat médiéval, la « Handarbeit » désigne le moment où les armes se croisent de près, nécessitant de petites manipulations de lame ou de garde pour prendre l'avantage. Il se peut que la lutte devienne alors une continuité du combat à l'épée. Il est important de noter que la lutte fait partie intégrante du combat médiéval. Tout texte majeur de cette époque contient un chapitre sur le combat à mains nues, avec une dague et parfois même avec une épée.

Ce schéma s'applique à toutes les armes et à tous les combats individuels et collectifs. Il peut être utilisé pour créer des chorégraphies.

Comment s'approcher d'un adversaire ?

Cette question se pose pour tout type de combat, qu'il soit simulé ou réel. L'approche linéaire ne convient que pour estoquer, car elle raccourcit trop rapidement la distance et rend impossible de frapper correctement. L'approche du coup est plutôt en diagonale par rapport au partenaire ou à l'adversaire. Comme le partenaire se déplace en conséquence, les combattants se déplacent généralement en cercle. C'est idéal pour les combats qui se déroulent en plein air, par exemple sur les marchés ou dans les fêtes. C'est notre cercle de jeu, notre scène de spectacle.

Le point critique est l'entrée dans la distance de frappe. L'adversaire se déplace vers moi et va essayer de me toucher dès que j'ai atteint la distance. Il y a plusieurs possibilités. L'une d'entre elles pourrait être de prendre le « Vor » et de forcer l'adversaire à reculer, par exemple par des moulinets ascendants (Unterhau) qui précèdent l'attaque proprement dite.

Un exemple de la manière dont cela pourrait ensuite se dérouler : Un coup supérieur droit sur l'oreille gauche de l'adversaire, suivi d'un coup inférieur sur le coude droit et d'un coup médian sur l'épaule gauche. Si je rate ou si l'autre ne reprend pas l'initiative, je peux me retirer pour préparer l'attaque suivante. À ce moment-là, je risque une contre-attaque ou au moins un "après-coup", c'est-à-dire que l'autre va essayer de me toucher pendant que je me retire - une situation classique dans les compétitions modernes d'AMHE, où les coups simples sont comptabilisés, mais moins probable à l'époque où un coup devait être efficace.

Il est donc beaucoup plus probable que mon adversaire prenne l'initiative après que j'ai abandonné l'attaque. Je me trouve dans l'après, qui pourrait se terminer par l'engagement des deux lames. Nous passons alors au « travail à mains », au combat rapproché, car je ne peux pas quitter la lame adverse sans créer une ouverture que mon adversaire ne manquera pas d'exploiter.

Le combat rapproché

Le combat rapproché peut devenir un moment très intense de la chorégraphie. Le problème reste la visibilité des actions. Comme nous travaillons toujours à l'épée, nous sommes obligés de garder une certaine distance avec notre partenaire. Cela aide le spectateur à bien voir l'action.

Comme je l'ai dit, le jeu se fait autour de la main de mon partenaire. Nous essayons de passer la pointe derrière sa lame, de passer le pommeau au-dessus ou en dessous de son bras ou de passer avec notre épée entre son épée et son corps. Nous pouvons aussi utiliser le quillon pour accrocher les poignets. Ou, en plaçant notre main libre comme « demi-épée » sur la lame, nous essayons de le faire chuter. Enfin, le combat rapproché consiste en une multitude d'actions visant à « blesser » l'adversaire, à le désarmer ou à le mettre hors de combat. C'est là que l'on peut par exemple utiliser une clé.

La lutte

La lutte, qui termine souvent les combats individuels n'est pas très différente de ce qui est pratiqué aujourd'hui. Si l'on regarde les dessins de Talhoffer ou de Dei Liberi, on pourrait souvent superposer des noms japonais, issus du judo, sur certaines des actions représentées. Nous avons très peu de représentations de coups de poing, ce qui ne veut pas dire qu'ils ne se sont pas produits. La lutte avec un poignard ou une épée peut être très spectaculaire.

Exemples d'enchaînements

Les enchaînements que Meyer propose dans son traité de 1570 visent à pratiquer l'adaptation et la fluidité, éléments fondamentaux pour la chorégraphie.

À partir du coup supérieur :

- **La première pièce.**
  Si tu arrives devant ton homme et que tu as atteint la hauteur d'un coup supérieur avec l'épée levée, et qu'il te frappe entre-temps à gauche vers la tête, saute de son coup à gauche vers lui et frappe avec l'extérieur (le plat de la lame) contre son coup volant, de sorte que tu touches son épée dans le fort. Fais-le si violemment que la partie avant de ta lame se répercute au-dessus de son épée vers sa tête. Cela se produit lorsque tu le frappes en même temps et que tu passes ton épée au-dessus de la sienne.
  Après ce coup, qu'il ait touché ou non, tu relèves ton épée et tu frappes son bras droit par en dessous. En

même temps, tu passes ton pied gauche sur son côté droit et tu te penches avec ta tête derrière la lame de ton épée. De là, tu sautes rapidement vers le haut et tu balances le court tranchant en direction de son oreille gauche.
Si tu constates qu'il essaie de te suivre, ne laisse pas ton coup le toucher, mais freine, croise tes bras en l'air (le droit au-dessus du gauche) et frappe profondément avec le court tranchant en direction de son oreille droite. Ensuite, fais demi-tour et retire-toi.

- **La deuxième pièce.**

Mais s'il te frappe par en dessous, à ta gauche, fais un autre pas vers sa gauche et frappe avec le long tranchant sur le fort de son épée. Dès que ton épée touche la sienne, tu la fais rebondir vers le haut et tu frappes profondément avec le court tranchant vers son oreille gauche en un seul mouvement, accompagné d'un autre pas vers sa gauche. Il se dépêchera de la détourner et relèvera son épée. Frappe donc rapidement avec le long tranchant en direction de son oreille droite. Fais un pas vers la droite comme précédemment et garde la croix haute au-dessus de ta tête. Dès qu'il dévie ta lame, retombe avec l'entaille sur ses bras. S'il ne veut pas en souffrir mais se dégager, suis-le en restant sur ses bras et frappe vers une autre ouverture, au moment où il s'y attend le moins. Retire-toi ensuite.

- **La troisième pièce.**
Mais s'il te frappe à ta droite, quand tu es ainsi arrivé à la garde supérieure, fais rapidement un pas avec ton pied gauche contre sa droite hors de son coup, et tombe en même temps avec le long tranchant sur le fort de son épée. Si tu tombes ainsi sur son épée, glisse ton pommeau sous ton bras droit de manière à le frapper à la tête avec le court tranchant bien au-dessus ou à côté de son épée, les bras croisés. Mais s'il monte avec son épée contre sa droite, laisse passer le demi-tranchant à côté de l'épée en faisant un pas de côté contre sa gauche, et frappe avec le long tranchant droit sur sa tête depuis le haut. Remonte rapidement et frappe son oreille gauche avec un Zwerch, tout en reculant avec ton pied gauche. Retire-toi ensuite de lui.
(Transcription A. Kiermeyer, traduction HMMH)

Comme tous les textes ils nous laissent une marge d'interprétation. Prenons-les donc comme source d'inspiration pour des actions de combat.

Acte 3 :
Quelle arme pour le spectacle ?

L'épée dite médiévale

L'épée médiévale est l'arme emblématique des chevaliers, autour de laquelle s'est bâtie une riche mythologie. Popularisée surtout par les chansons de geste et les légendes chevaleresques, certaines épées portaient des noms encore célèbres aujourd'hui, comme Excalibur, l'épée du roi Arthur, ou Durandal, celle de Roland. On peut également mentionner Balmung, l'épée de Siegfried, le tueur de dragons, et Joyeuse, l'épée de Charlemagne.

Caractéristiques générales de l'épée

Les épées médiévales existent sous de nombreuses variantes que l'on peut classer en deux grandes catégories :

1. Les épées conçues pour frapper (épées de taille).
2. Les épées conçues pour piquer (épées d'estoc).

À partir du XVIIe siècle, les épées de taille ont progressivement cédé la place aux épées d'estoc.

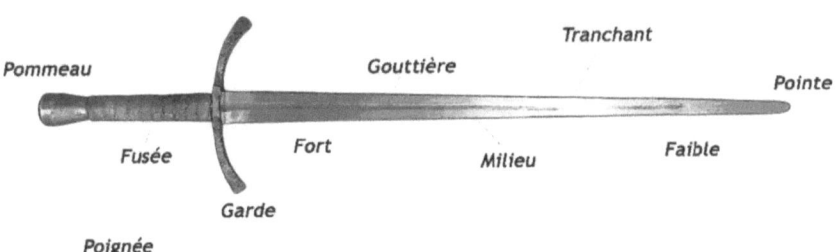

Une épée se compose généralement de quatre parties principales :

- **La lame**, qui comporte deux tranchants. Le "vrai tranchant" (ou tranchant long) est orienté vers l'avant, au-dessus des doigts de la main, tandis que le "faux tranchant" (ou tranchant court) est dirigé vers l'arrière. La lame peut être divisée en deux parties principales :
    - **Le faible**, qui s'étend de la pointe au milieu de la lame.
    - **Le fort**, qui va du milieu de la lame jusqu'à la garde.

    Elle peut se terminer en une pointe fine, large ou arrondie. Elle peut aussi être dotée de rainures, souvent appelées "gouttières", qui allègent son poids et renforcent sa stabilité.

- **Le quillon ou la garde**, qui protège la main du combattant.
- **La poignée ou fusée**, sur laquelle se pose la main.
- **Le pommeau**, longtemps que décoratif, qui équilibre l'arme.

Historique et évolution

L'épée en fer apparaît pour la première fois au Ve siècle av. J.-C. chez les Celtes, probablement inspirée par les épées en bronze. Ces premières lames, fabriquées en acier doux (0,2 à 0,4 % de carbone), étaient légères (environ 800 g) mais fragiles. Elles étaient destinées aux combats individuels et mesuraient généralement entre 80 et 95 cm de long pour 4 à 6 cm de large. La lame avait une section ovale sans gouttière et ne dépassait pas 5 mm d'épaisseur en son centre. La pointe était généralement large ou arrondie. Elle n'avait pas encore de quillon ni de pommeau.

À la même époque, les Romains développèrent le glaive, une épée d'estoc destinée au combat en formation. Plus courte mais plus lourde que l'épée celte, elle fut l'une des premières armes produites industriellement pour équiper les légionnaires.

Durant le Moyen Âge, l'épée reste un symbole de prestige en raison de son coût de fabrication élevé. Pendant plus de 1500 ans, la lance demeure cependant l'arme la plus répandue sur les champs de bataille. Des centres de forge, comme celui de Solingen en Allemagne, deviennent célèbres dès le VIIIe siècle. Les lames de Solingen, exportées jusqu'en Norvège, équipaient même les épées des Vikings.

Types d'épées médiévales

1. **L'épée à une main**

L'épée à une main était utilisée conjointement avec un bouclier. Les lames mesuraient entre 75 et 90 cm (parfois jusqu'à 100 cm) avec une poignée de 8 à 10 cm. Les épées modernes de spectacle, sont souvent dotées de poignées plus longues (12 à 14 cm), ce qui facilite leur manipulation avec des gants. Cependant, si nous regardons des représentations de combattants des 10e et 13e siècles, nous constatons qu'ils ne portent que rarement des gants.

Le pommeau, initialement décoratif, devient essentiel pour équilibrer l'arme.

2. **L'épée bâtarde ou à une main et demie**

Apparu vers la fin du XIIIe siècle, ce type d'épée possède une lame similaire à celle des épées à une main, mais une poignée plus longue (14 cm ou plus). Conçue pour être maniée à une ou deux mains, elle s'adapte aussi bien au combat en armure qu'aux combats rapprochés nécessitant une technique dite de "demi-épée".

3. **L'épée à deux mains (espadon)**

Utilisée dès le XVIe siècle, l'épée à deux mains mesure souvent plus de 1,50 m pour un poids de 2 à 2,5 kg. Elle était utilisée pour combattre les lignes de

piques ou pour protéger les coins des carrés d'arquebuses. Mais c'était aussi une arme appréciée des gardes du corps, qui pouvaient s'en servir pour se défendre contre un groupe d'assaillants et bloquer complètement le passage dans une ruelle, par exemple. Spectaculaire et puissante, cette arme exigeait une grande force physique.

4. **L'épée plume (Federschwert)**
Variante légère de l'épée longue, l'épée plume était utilisée exclusivement pour l'enseignement de l'escrime, notamment dans les salles d'armes. La longueur totale de l'épée dépassait rarement 130 cm, mais elle était dotée d'une poignée allongée. La lame était composée d'une partie souvent carrée appelée « Schild (bouclier) », d'une fine lame de 1 à 1,5 cm de large avec des tranchants parallèles non affûtés et une pointe aplatie, arrondie ou recourbée en forme de bouton.

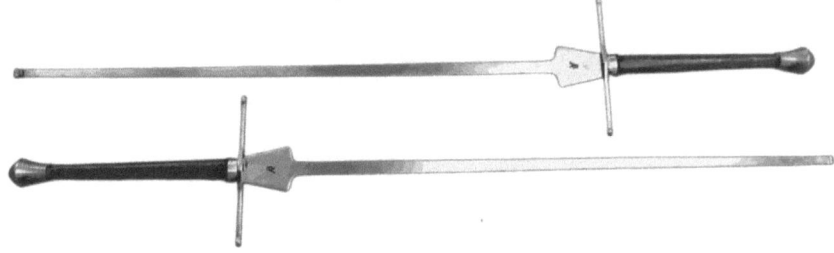

Comment tenir l'épée ?

L'épée à une main

Lorsque l'épée est bien ajustée, la main se trouve fixée entre la garde et le pommeau. Malheureusement, la plupart des répliques qui peuvent être utilisées pour l'escrime de spectacle ont des poignées trop longues. Il existe néanmoins trois façons de tenir l'épée.

- ***La prise du marteau***

L'arme est tenue avec la main principale aussi près que possible de la garde, le pouce et l'index formant un anneau autour de la crosse. Les autres doigts entourent fermement la poignée. Le fait de bloquer le poignet donne plus de 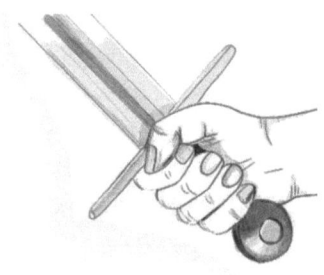 stabilité lorsque l'épée est lourde. La lame et le bras forment un angle d'environ 130°. Le coude et l'épaule sont davantage impliqués dans le mouvement du bras. L'avantage est un meilleur contrôle du coup et un arrêt plus facile de la frappe.

- ***La prise de combat***

La main principale se trouve toujours à proximité de la garde, la poignée est saisie par le quatrième et le cinquième doigt de la main. La garde se trouve entre l'index et le pouce. Grâce à cette position de la main,

la mobilité du poignet est plus grande, mais il est également plus difficile de stopper le coup.
- **La prise pour estoquer**

Sur Internet, on trouve sur YouTube toute une série de vidéos qui montrent comment réaliser un coup d'estoc avec une épée viking ou médiévale. La plupart des "spécialistes" recommandent de saisir l'épée par le pommeau. Outre le fait que cela oblige à modifier complètement la prise, on se retrouve dans une situation où l'on a du mal à tenir l'arme. Certes, en saisissant le pommeau, on parvient à pousser la lame vers l'avant, mais le simple fait de changer la position de la main sur la poignée de l'épée n'est pas facile, et un simple coup de bouclier peut faire glisser l'épée hors de la main.

Si l'on veut vraiment utiliser l'arme pour porter un estoc, il est plus facile de placer l'index par-dessus la garde. La lame est alors alignée avec l'avant-bras et le maniement de l'épée reste bon. On risque certes de se faire couper le doigt, mais le risque est minime, car on ne cherche pas le contact avec la lame de l'adversaire. Il y a plusieurs raisons qui me font penser que cette méthode a été utilisée. Premièrement, il existe des dessins et même des gravures qui montrent clairement que l'index passe par-dessus la garde, et deuxièmement, il y a des épées qui sont munies d'un anneau pour protéger l'index qui dépasse.

L'épée bâtarde ou à une main et demie

L'épée bâtarde, également appelée épée à une main et demie, est une arme polyvalente qui a connu son apogée entre 1350 et 1550. Cette épée se caractérise par une poignée 3 à 5 cm plus longue que celle d'une épée  à une main, permettant une utilisation à une ou deux mains selon les besoins du combat. Les prises pour la main dominante sont les mêmes qu'à l'épée à une main. La deuxième main repose partiellement sur la poignée et le pommeau pendant l'utilisation. Le pommeau est généralement de forme allongée, p.ex. en forme de poire.

- **La prise de demi-épée (Halbschwert)**

À partir du XVe siècle, les protections corporelles des combattants évoluent considérablement. Les armures deviennent plus efficaces, confortables, et offrent une protection quasi totale contre les coups de taille. Cela coïncide avec l'apparition de l'épée à une main et demie et l'émergence d'une nouvelle technique de combat : la prise de demi-épée.

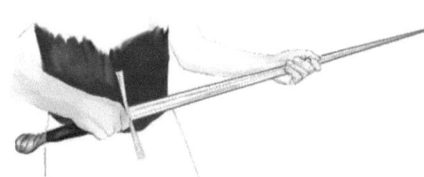
Dans cette technique, la main principale tient l'épée comme à l'habitude, sur la poignée près de la garde, tandis que la main libre se place sur la lame, près de son milieu. Elle peut être posée en pronation (les pouces des deux mains se font face) ou en supination. Cette prise permet d'entrer dans une distance rapprochée pour :

- Tenter de percer l'armure,
- Viser une faiblesse de la protection,
- Ou encore appliquer une clé de bras ou de jambe pour déséquilibrer et jeter l'adversaire à terre.

L'épée à 2 mains ou espadon

En raison de son poids et de sa longueur, la main droite adopte généralement une prise en marteau près de la garde, tandis que la main gauche se déplace librement sur le reste de la poignée, y compris le pommeau, et la lame en fonction des besoins du combat.

L'épée plume (Federschwert)

Pour l'épée plume, les prises de la main dominante sont les mêmes que celles déjà décrites. Comme pour l'épée longue, la main libre reste mobile sur l'ensemble de la poignée, y compris le pommeau. Lorsqu'un moulinet (un grand coup circulaire vertical) est exécuté, les deux mains se rejoignent.

Pour plus de précision, la main libre peut se déplacer jusqu'au pommeau. Dans ce cas, la lame est manipulée grâce à l'action combinée des deux mains.

- **La prise de Feder**

Nous pouvons ajouter une nouvelle prise, la prise de feder :

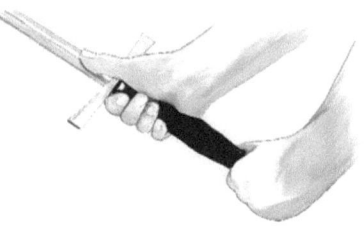

La main dominante s'ouvre légèrement et le pouce dépasse la garde pour se positionner sur le bouclier. Dans cette position, la lame peut être tournée pour donner un coup complètement horizontal avec les deux tranchants (Zwerchhau).

L'introduction de l'épée bâtarde a entraîné une modification des techniques d'escrime. L'épée est davantage utilisée pour parer les coups de l'adversaire, un rôle auparavant dévolu au bouclier. Les maîtres d'armes médiévaux privilégiaient cependant l'évitement et la déflexion (*versetzen*) des coups plutôt que la parade directe.

Les épées en aluminium

Ces dernières années, les armes de spectacle en aluminium ont gagné en popularité, notamment en France. Ces répliques, souvent très esthétiques, produisent un son de lame particulièrement agréable, qui ajoute à leur attrait. Leur caractéristique principale est leur poids, nettement inférieur à celui des épées historiques : elles pèsent généralement moins d'un kilogramme, contre 1300 à 1600 grammes pour les modèles d'origine.

Cependant, cette légèreté a un impact sur la dynamique des combats, les rendant plus rapides et, par conséquent, beaucoup moins réalistes. Une arme plus légère modifie en effet le maniement et exige une approche différente de l'escrime.

Pour préserver l'authenticité de l'escrime historique, il est préférable d'utiliser des armes en acier. En revanche, dans des contextes fantastiques ou lors de spectacles ne visant pas la précision historique, les armes en aluminium constituent une option parfaitement adaptée.

Le maniement de l'épée

Comme nous l'avons déjà mentionné, la plupart des épées étaient des armes de taille, c'est-à-dire qu'elles étaient principalement utilisées pour frapper avec le tranchant. Le coup de taille est un mouvement circulaire. Pour obtenir un résultat efficace, une certaine distance de travail est nécessaire. Pour un effet maximal, la lame doit frapper la cible avec le dernier quart proche de la pointe, tandis que les bras doivent être tendus. Cela implique que les déplacements autour de l'adversaire soient également circulaires.

Les traités de combat tardifs du système germanique mettent en évidence trois actions qu'ils appellent les trois « Wunder » (blessants) : Le coup, la coupe et l'estoc.

- **Le coup**

    La manière de tenir l'épée décrite ci-dessus est particulièrement adaptée à l'exécution de coups de taille. Les coups de taille consistent à orienter la lame de manière que le tranchant frappe directement la cible.

Astuce : Pour les épées maniées à deux mains (comme l'épée bâtarde ou la grande épée) et en particulier dans le cadre de combats scéniques, il est préférable d'écarter les mains sur la poignée. Cela augmente le bras de levier, offrant un meilleur contrôle de l'arme.

- **La coupe**

    Ce mouvement consiste à poser le tranchant de la lame sur le corps de l'adversaire, puis à effectuer un mouvement de poussée ou de traction pour entailler.

Astuce: Lors d'un combat scénique, il est crucial de s'assurer que la lame ne présente aucune irrégularité (échardes, bavures, etc.) qui pourrait blesser le partenaire. Si une action de coupe est effectuée au contact de la peau, il est recommandé de placer une main gantée entre la lame et la peau pour éviter les blessures. Cela permet également un meilleur contrôle de l'arme.

- **L'estoc**

    L'objectif de l'estoc est de frapper avec la pointe de l'arme. Pour plus de précision, il est possible de placer l'index de la main directrice au-dessus du quillon. Cette position offre un meilleur contrôle et une gestuelle plus naturelle. Toutefois, si des parades sont pratiquées, ce doigt pourrait être exposé aux impacts.

Astuce : le coup d'estoc commence toujours avec la main (l'arme), comme à l'escrime moderne. À la fin du coup droit, le bras principal est allongé. En commençant mon geste avec un mouvement de l'arme, je peux contrôler la distance entre la pointe de la lame et mon partenaire.

Les coups de taille de base

Les attaques de taille s'exécutent selon huit axes principaux : deux diagonales descendantes, deux horizontales, deux diagonales ascendantes, et deux verticales.

- **Le coup vertical descendant** est rarement utilisé.

- **Le coup vertical ascendant** est presque inexistant en combat pratique.

Voici les principales classifications :

- **Les trois coups descendants** (deux diagonales et un vertical) sont appelés *« brisés »*.

- **Les deux attaques horizontales** sont appelées *« couronné »* (de la main dominante) et *« revers »* (du côté opposé). Ces attaques traversent toujours l'espace au-dessus de la tête du pratiquant.

- **Les deux attaques diagonales ascendantes** sont appelées *« enlevés »*. On distingue les *enlevés directs* (main dominante) et les *enlevés en revers*.

Les cibles peuvent être placées partout sur le corps.

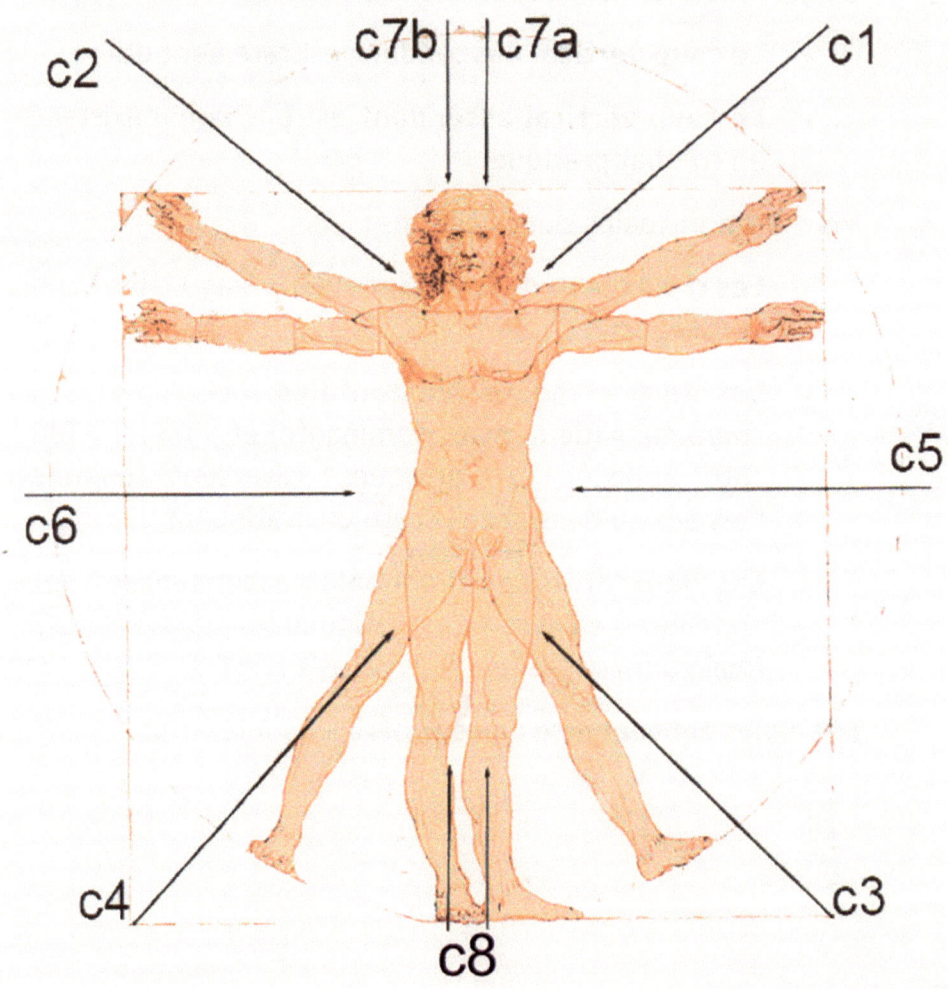

Le tranchant et le contre-tranchant, le plat et le faux plat

Les épées à une ou deux mains possèdent deux tranchants identiques. Le tranchant faisant face à l'adversaire est appelé *long tranchant*, *tranchant avant* ou *vrai tranchant*. L'autre est désigné comme *court tranchant*, *contre-tranchant* ou *faux tranchant*.

Certains coups peuvent être portés avec le plat de la lame, à la manière d'une gifle. Le *vrai plat* est orienté vers l'extérieur (vers le dos de la main), tandis que le *faux plat* est tourné vers l'intérieur (vers le pouce).

La majorité des coups sont portés avec le long tranchant. Cependant, certains coups spécifiques, comme le *Schiel*, le *Zwerch*, le *Glutz*, le *Kron* ou le *Krump*, utilisent le contre-tranchant. Ces cinq techniques servent principalement à dévier les attaques adverses. Parmi elles, le *Zwerch*, le *Krump* et le *Schiel* appartiennent aux *Meisterhäue* (coups de maître), que je décrirai dans une section dédiée.

Glutzhau (coup en feu)

- **Position de départ :** le Fou (*Alber*).

- **Exécution :** Si l'adversaire frappe depuis l'ouverture gauche, vous frappez en retour depuis le bas en tournant ou retournant votre main contre sa lame entrante. Le contact des lames se fait sur le faux plat. Ensuite, en tournant le poignet dans un mouvement fluide, vous frappez avec le court tranchant par-dessus sa main, en visant sa tête.

Kronhau (coup de la couronne)

- **Position de départ :** la Charrue (*Pflug*).
- **Exécution :** Si l'adversaire effectue un coup supérieur, remontez votre garde en travers pour intercepter l'attaque avec le bouclier ou le quillon. Dès qu'il y a contact avec sa lame, poussez le pommeau vers le haut et frappez-le avec le faux tranchant derrière sa lame, en visant la tête.

Le grand bâton

Dans l'histoire des armes, le bâton est certainement l'une des plus anciennes. Penchons-nous un instant sur son histoire.

C'est une arme multifonctionnelle, utilisée dans de nombreuses situations du quotidien. De tout temps, il a servi de bâton de marche et d'outil pour transporter des objets. Les légionnaires romains s'en servaient pour porter leurs bagages et pour construire des tentes. Doté d'une pointe en métal, il pouvait également être utile pour la chasse ou en situation de guerre.

C'est en 805, sous Charlemagne, qu'il acquit ses lettres de noblesse. Il devint alors la seule arme autorisée pour les duels et les jugements de Dieu. Cette réglementation, aussi bien pratique qu'économique, reflétait le désir de limiter les issues fatales de ces affrontements. Cependant, son usage comme arme de guerre resta limité et strictement interdit à une époque où chacun devait financer son propre équipement[24]. Son fils, Louis Ier le Pieux, fut contraint en 819 d'autoriser les nobles à choisir l'arme de leur préférence pour les duels, mais le bâton demeura l'arme des duels populaires[25].

Depuis la fin du IXe siècle, les pèlerins parcourent les routes et chemins d'Europe, souvent en direction du tombeau de Saint-Jacques de Compostelle en Espagne. Aujourd'hui

---

[24] Charlemagne, Arthur Kleinklausz, Paris 2005
[25] Duels, Martin Monestier, Paris 1991

encore, ils s'équipent d'un bâton de pèlerin, un bâton de marche d'une hauteur comprise entre la poitrine et la tête, également appelé « bâton de Saint-Jacques ». Il était autrefois doté d'une pointe en fer et d'un renflement sculpté ou torsadé en forme de boule à son extrémité supérieure. Outre la coquille et la besace, ce bâton est considéré comme un symbole visible du pèlerinage. Dans *Le Guide du Pèlerin de Saint-Jacques de Compostelle* du XIIe siècle, il était décrit comme le « troisième pied » du pèlerin, symbolisant la Trinité et apportant un soutien spirituel et pratique. Ce bâton servait aussi à se défendre contre les bandits de grand chemin et à baliser ou tracer un itinéraire. Chez les compagnons itinérants, le bâton occupait également une place centrale. Il faisait partie intégrante de l'équipement personnel. En France, les compagnons étaient organisés en guildes et corporations. Décoré manuellement, le bâton indiquait l'appartenance à un groupe professionnel. Souvent ferré, il pouvait se transformer en une arme redoutable entre les mains d'un combattant expérimenté. Sur les routes incertaines, il servait à se défendre, mais il était aussi utilisé pour régler des conflits internes. Par exemple, en 1730, une bataille éclata en Provence, dans la plaine de la Crau, près d'Aix, entre deux puissantes corporations armées de bâtons. L'armée dut intervenir pour y mettre fin, et le bilan en morts et blessés fut considérable[26].

---

[26] Maurice Sarry, *La Canne : Arme de défense, sport de combat*, 1978

Le bâton, en plus d'être une excellente arme pour les débutants, trouve aussi sa place dans les combats médiévaux. En France, deux techniques principales sont associées au bâton : le bâton français et le bâton à deux bouts.

Le bâton français

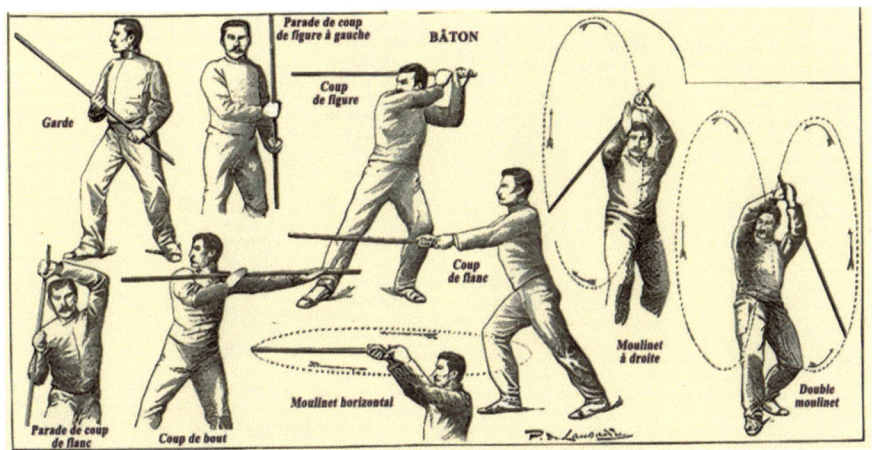

Il s'agit d'une technique de combat développée au milieu du XIXe siècle à l'École militaire de Joinville. Ce style est également surnommé le bâton de Joinville. Bien qu'il ne soit pas issu du Moyen Âge, son maniement s'apparente à celui de l'épée longue. La prise de base, ou « garde », place la main gauche près du talon et constitue la position de référence. Comme pour toutes les armes de taille, le bâton français suit huit axes de frappe.

Les parades sont généralement effectuées en opposition. Cette technique, bien que moderne, reflète une continuité dans l'art martial et pourrait s'inspirer des traditions

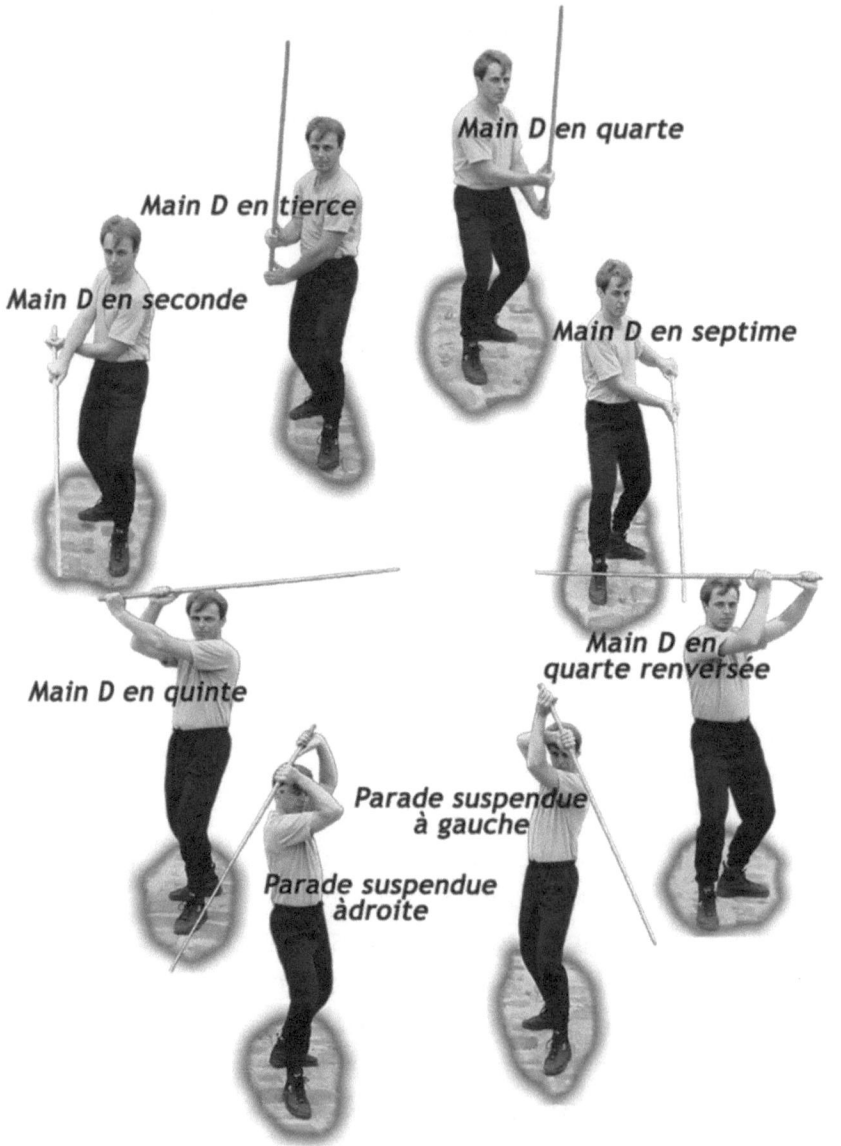

médiévales disparues ou non documentées, bien que son objectif soit davantage sportif que militaire.

Il existe également des prises inversées, similaires à celles utilisées avec le bâton de marche, où le pouce de la main droite est dirigé vers le talon.

Le bâton à deux bouts

En 1989, avec notre troupe de comédiens cascadeurs de la Cité U à Paris nous avons expérimenté de petits combats au grand bâton. Le terme « bâton à deux bouts » nous paraissant peu attrayant, nous avons décidé, après une longue discussion, de le rebaptiser « bâton provençal » pour lui donner une touche historique. Vingt ans plus tard, j'ai rencontré une personne qui m'a expliqué qu'elle avait étudié avec un comédien aixois ayant appris le bâton provençal à Paris.

Il convient de préciser que ce terme, bien qu'élégant, reste une invention moderne. Aucun texte historique ne mentionne un bâton provençal. En réalité, il s'agit de notre fameux bâton à deux bouts.

La prise consiste à poser les deux mains sur la hampe, les pouces en opposition. Les mains sont espacées d'une largeur d'épaules, ce qui divise le bâton en trois sections. Les deux parties extérieures servent à parer et à attaquer, tandis que la section centrale est réservée aux parades. Les attaques se font généralement par alternance. Quand je frappe avec le bout droit, la main gauche est déjà armée, prête à frapper. Nous retrouvons ici un mouvement qui ressemble beaucoup à la demi-épée.

Le bâton à deux bouts peut facilement être combiné avec le bâton français pour créer des chorégraphies riches et variées, mêlant tradition et créativité.

Le bouclier, quelques généralités de son utilisation

Lorsqu'on cherche une arme multifonctionnelle, on tombe inévitablement sur le bouclier. Depuis des millénaires, le bouclier accompagne l'homme en complétant son armement avec la lance, la hache, l'épée ou n'importe quelle d'autre arme blanche.

Les guerriers l'utilisaient sous ses différentes formes, généralement de trois manières :

- Comme arme de défense/protection
- Comme arme d'attaque
- Comme arme pour faciliter la contre-attaque.

Il est utilisé à pied, à cheval et même dans les chars de combat. Il sert à protéger le combattant, mais aussi à attaquer. Un coup de bouclier peut écraser le visage, briser la mâchoire ou fracasser un os. Dans la mythologie celtique irlandaise, on raconte que Cúchulainn, le grand héros, a tranché la tête d'un ennemi d'un coup de bouclier[27].

Formes et usages des boucliers

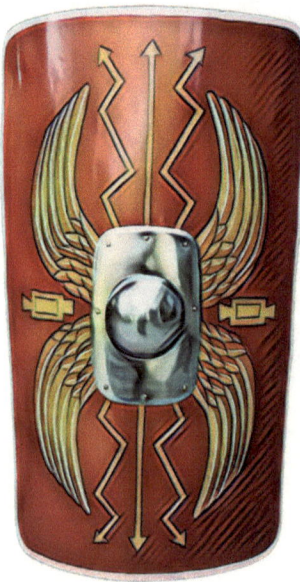

Les différentes formes de boucliers se sont développées en fonction de leur utilisation, mais aussi sous l'influence de la culture. Les Celtes utilisaient un bouclier plat, ovale et léger avec **spina** et **umbo**. Il s'agissait d'un bouclier pour le combat individuel. En revanche, les soldats romains utilisaient le **scutum**, un bouclier plutôt rectangulaire, légèrement bombé et lourd. Adapté au combat en formation, le scutum permettait aux soldats de construire

---

[27] Cuchulainn, Mythes guerriers et sociétés celtiques, Th. Luginbühl, 2006

de véritables murailles défensives contre lesquelles les assauts celtes échouaient.

L'umbo, présent sur de nombreux boucliers, se distinguait souvent par sa forme de coupelle en métal. Cet élément servait à protéger la main et était particulièrement caractéristique des boucliers munis d'un manipule, permettant une prise à une seule main.

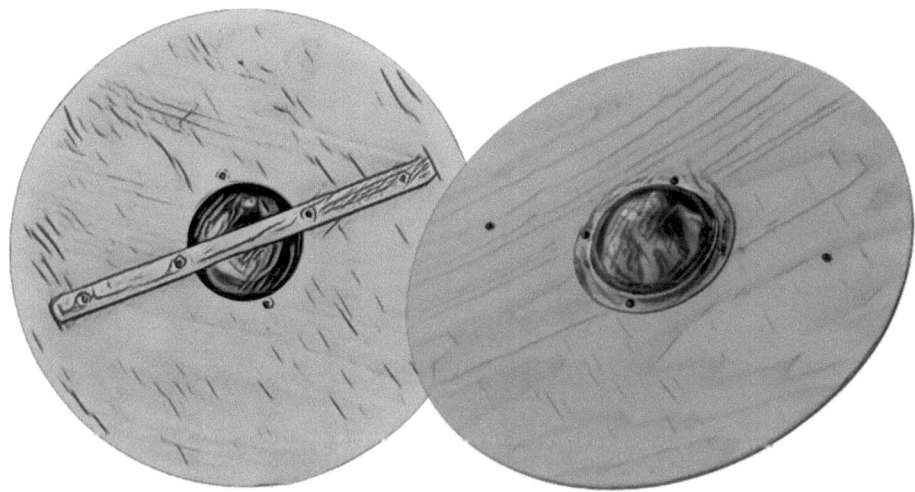

Bien que la majorité des boucliers aient été fabriqués en bois pour leur simplicité de construction, certains étaient recouverts de cuir ou de tissu afin d'améliorer leur durabilité. Ce revêtement renforçait leur résistance face aux coups et protégeait également le bois de l'humidité. Cette pratique, attestée par des découvertes archéologiques (notamment des fragments celtiques à La

Tène), démontre que l'ajout de cuir augmentait la robustesse du bouclier tout en préservant sa légèreté.

Le bouclier rond était particulièrement courant, notamment parmi les combattants à pied, comme les Vikings. Toutefois, cette forme présentait un inconvénient lorsqu'on combattait à cheval, car elle exposait le genou gauche. Pour remédier à ce problème, un triangle fut ajouté à la base du bouclier rond, donnant ainsi naissance au bouclier en forme d'amande.

Pour simplifier, on peut dire que les boucliers ronds, carrés, ovales ou de longueur excessive étaient utilisés pour le combat à pied. Les boucliers dont la forme de base était triangulaire étaient utilisés pour le combat à cheval.

Certaines catégories de boucliers avaient des usages spécifiques. Le **scutum**, déjà mentionné, jouait un rôle essentiel dans les tactiques des troupes romaines.

Le **pavois** était un grand bouclier, de forme ovale ou quadrangulaire, principalement utilisé par les fantassins, et plus particulièrement par les arbalétriers.

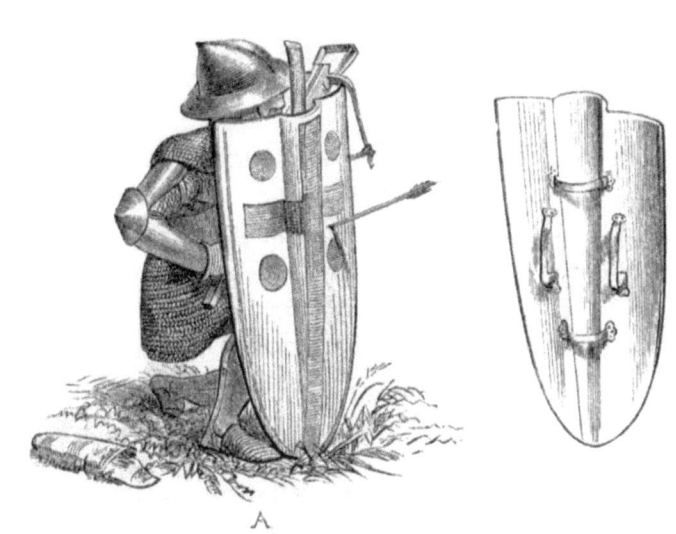

Cette arme défensive fit son apparition au XIVe siècle, en réponse aux besoins des arbalétriers. L'arbalète, alors perfectionnée pour offrir une portée accrue, nécessitait un temps de rechargement considérable — souvent d'au moins une minute. Pendant cette période, l'arbalétrier était vulnérable aux projectiles ennemis. Pour compenser cette exposition, le pavois offrait une couverture complète du corps, garantissant une protection optimale sur le champ de bataille.

La ***bocle*** était un petit bouclier rond muni d'un manipule et d'un umbo en forme de cône ou de coupelle. Son maniement est bien documenté dans le traité ***Walpurgis***.

Le terme ***rondache*** (ou "targe reonde", "roiele", "rouele" selon Violet le Duc) désigne généralement tout bouclier circulaire.

Les désignations ***écus*** et ***targes*** semblent avoir été généralisées pour désigner différentes formes de boucliers, sans distinction stricte.

En Allemagne, au XVe siècle, un bouclier aux formes très particulières était utilisé dans le cadre des combats judiciaires. Ce type de bouclier mérite un chapitre à part, car il se prête particulièrement bien aux spectacles.

Comment tenir le bouclier

Un bouclier est tenu soit par le manipule, soit par un système de sangles sur l'avant-bras.

Le manipule est généralement une poignée qui passe au-dessus d'un trou au milieu du bouclier, qui était suffisamment grand pour ne pas gêner la main. Un umbo en métal protégeait ce trou vers l'extérieur.

Les boucliers ovales ou rectangulaires sont maintenus à la verticale par le manipule. Les boucliers ronds comme les boucliers vikings ou la bocle peuvent être facilement tournés par un mouvement du poignet.

Pour les fixer avec une lanière sur l'avant-bras, il existe plusieurs systèmes que nous pouvons retrouver dans le livre de Viollet le Duc[28], qui présente quelques exemples intéressants.

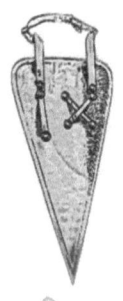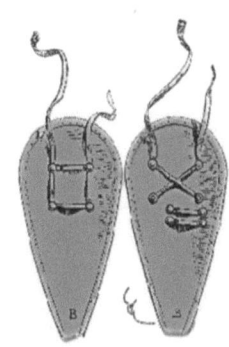

Souvent, une longue lanière permettait de porter le bouclier sur le dos.

La position de combat avec un bouclier

Classiquement, avec un bouclier de défense, c'est la position du boxeur. En d'autres termes, nous tenons le bouclier de la main gauche de manière qu'il protège l'épaule gauche dans la position de base, le pied gauche est devant et nous tenons l'arme de la main droite derrière la protection.

Dans le traité Walpurgis, qui date probablement du XIVe siècle, le combattant utilise un bouclier plus petit, appelé bocle. L'utilisation principale du bocle est la protection de la main armée. De cette idée découle plusieurs positions qui peuvent être utilisé avec d'autres types de boucliers pour des chorégraphies.

---

[28]Encyclopédie médiévale, Viollet le Duc, Inter-Livres 1998

Les sept positions élémentaires et les positions spéciales

Position 1

Elle est aussi appelée **« *sous-bras* »**. La main est probablement tournée en pronation, ce qui amène le tranchant long en avant. La position permet des attaques avec le tranchant long et la pointe.

Position 2

L'épée est sur l'épaule droite. Il y a deux variantes très courantes :

1. La pointe de l'épée derrière l'épaule
2. La lame verticale

Position 3

L'épée est sur l'épaule gauche. La main est tournée en supination, ce qui permet des actions avec le tranchant court de la lame.

Position 4

L'épée est tenue au-dessus de la tête. La position est propice à des actions de haut en bas.

Position 5

L'épée est tenue avec la pointe en arrière. À partir de cette position, on peut attaquer en utilisant le tranchant long et la pointe, mais aussi le tranchant court, en frappant du haut vers le bas.

Position 6

Il s'agit certainement d'une variante de « *Langort* ». Mais en tant que position d'attaque elle est le départ d'un coup d'estoc de précision. Il est à noter que la main est tournée en supination.

Position 7 : Pointe longue (Langort)

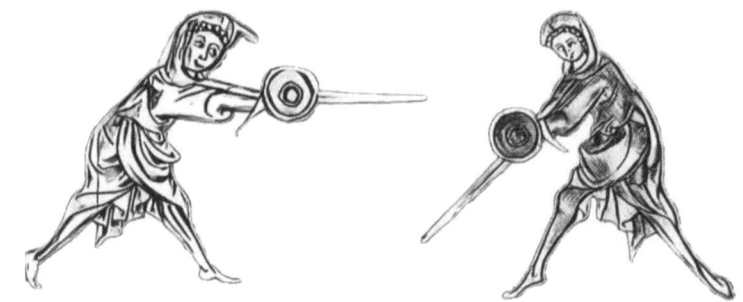

Il existe plusieurs variantes du « **Langort** ». On peut dire qu'une position qui menace l'adversaire avec la pointe est un Langort.

La « *Pointe longue spéciale du prêtre* » permet d'attaquer avec la pointe du bas vers le haut, mais aussi un coup avec le tranchant court.

Pointe longue haute (grande couverture)

Cette position couvre le corps au maximum et permet de se protéger des attaques en ligne basse.

Position Fiddelbogen (arc de violon)

Cette position est décrite dans le texte comme étant celle des combattants inexpérimentés. Il s'agit d'une variante de la position 2 qui permet surtout de porter des coups d'estoc. Elle permet de contrer efficacement la position 6..

Halbschild (demi bouclier)

Il s'agit de la contre-position la plus courante. Le bouclier n'est pas dirigé vers l'adversaire, mais il couvre la main droite pour se protéger de toute attaque.

Comment se battre avec un bouclier

Il existe quelques règles communes pour l'utilisation des boucliers, bien que cela dépende de la forme du bouclier et du type de combat.

On distingue les boucliers destinés au combat de groupe et ceux destinés au combat individuel. Les boucliers destinés au combat de groupe sont généralement plus grands, plus forts et donc plus lourds.

La phalange grecque était organisée de telle sorte que le bouclier protégeait non seulement le guerrier qui le portait, mais aussi et surtout son voisin de gauche.

Le scutum permettait aux légionnaires romains d'ériger de véritables murs ou de former des formations comme la tortue (testudo), que l'on pourrait qualifier de char d'assaut de l'Antiquité.

Les boucliers destinés au combat individuel étaient plus légers et ne pesaient rarement plus de 3 kg. Pour le combat en formation, ils n'étaient que partiellement adaptés. Les Celtes en ont fait l'amère expérience lors de la bataille de Bibracte. Face aux rangs impénétrables des légions romaines, ils ont tenté d'improviser une phalange. Résultat : leurs boucliers ont été cloués ensemble par des jets de pilum et devenaient donc inutilisables[29].

Un « mûr de boucliers », tel qu'il a été popularisé par la série TV « Viking », n'était probablement qu'une expérience unique et non une stratégie courante, comme on voudrait nous le faire croire.

Dans les duels rituels vikings, chaque combattant avait trois boucliers. Dès que le troisième bouclier était détruit, le combattant se rendait généralement ou était tué, car il n'avait plus de protection.

---

[29] César, La guerre des Gaules

Au début, le bouclier était un « objet consommable ». On entrait dans le combat avec lui, mais on n'en ressortait pas avec. Après le combat, on récupérait les pièces métalliques et on les utilisait pour fabriquer un nouveau bouclier. La parade s'effectuait souvent avec le bord du bouclier, une méthode risquée mais efficace pour coincer temporairement les lames adverses dans le bois. Toutefois, cela dépendait de la qualité du bouclier et de son renforcement éventuel.

Le bouclier était une arme active. En combat singulier, on ne le tenait pas immobile. On essayait activement d'intercepter un coup de l'épée, de la lance ou de la hache de l'adversaire, de faire dévier l'arme qui arrivait ou de bloquer le bouclier adverse. En même temps, on portait un coup avec sa propre arme. Le travail avec le bouclier et l'épée était un mouvement combiné.

Dans l'offensive, on frappait avec le bord du bouclier. On visait des cibles précises comme le bouclier de l'adversaire, un bras, une jambe ou la tête.

En bloquant le mouvement du bouclier de l'adversaire avec son bouclier, on créait des ouvertures pour les contre-attaques.

Comme toutes les armes de l'époque, le bouclier était utilisé de manière offensive.

Comment utiliser le bouclier en spectacle

Je pense qu'il sera difficile d'utiliser toutes les possibilités du bouclier en combat scénique. Laissons donc de côté le combat en formation et concentrons-nous sur le combat singulier. Nous ne pouvons pas non plus considérer le bouclier comme un consommable. Souvent, ils sont recouverts de cuir ou de tissu, ce qui leur donne un aspect très esthétique. Nous les utiliserons donc en premier lieu pour la défense.

Comme nous ne pouvons que peu utiliser le bord pour intercepter les coups, il nous reste la possibilité d'intercepter l'arme attaquante avec la surface plate ou de dévier le coup. Pour ce faire, je conseille à l'attaquant de viser l'épaule et non le bouclier lui-même. Cela signifie que le défenseur déplacera son écu dans la direction du coup à venir, à droite et à gauche. Si je vise le bouclier, je peux avoir la mauvaise surprise de voir mon partenaire le retirer au dernier moment pour une raison ou une autre. Nous visons donc, comme c'est mentionné dans les règles de sécurité, une cible sur le corps de notre partenaire. La défense avec le bouclier deviendra ainsi une action offensive dirigé contre l'arme attaquante.

D'autres actions faciles à contrôler sont les attaques de bouclier contre bouclier. Nous pouvons relever deux attaques classiques :

- Le choc de deux écus pour arrêter le combattant qui se jette en avant
- La frappe avec le bord du bouclier, bloqué par un bouclier défendant

En conclusion, dans un combat scénique au bouclier, l'important est de rester actif : le bouclier intercepte, dévie et bloque, tout en offrant des opportunités pour des contre-attaques visuellement spectaculaires.

Le bouclier de duel

Dans ce chapitre, je présente une arme que l'on ne voit quasiment jamais lors des duels sur les marchés médiévaux : le bouclier de duel, aussi appelé "bouclier de combat judiciaire". C'est une arme peu courante, mais très impressionnante qui était utilisée principalement lors des duels judiciaires au Moyen Âge, particulièrement au XVe siècle en Europe centrale. Elle est bien documentée dans les traités de maîtres d'armes comme Hans Talhoffer, qui montre son usage dans plusieurs de ses manuscrits.

Caractéristiques du bouclier de duel

1. **Dimensions et forme** :
   Ce bouclier est inhabituellement grand, mesurant environ 180 cm de hauteur et 80 cm de largeur. Sa taille le distingue des boucliers militaires classiques, tels que les boucliers ronds ou triangulaires, car il couvre presque tout le corps du combattant, offrant ainsi une protection intégrale.
2. **Construction** : Ce bouclier est généralement en bois, mais il peut être renforcé par du métal afin d'augmenter sa robustesse. Au centre se trouve une fente verticale d'environ 60 cm de long et 20 cm de

large, couverte d'un « umbo » (ou bosse), protégeant les mains tenant le manipule. Le manipule est une poignée longitudinale qui traverse l'intérieur du bouclier. Il permet au combattant de le manier à une ou à deux mains, offrant ainsi une meilleure prise et permettant des actions défensives et offensives précises, comme le bâton à deux bouts.

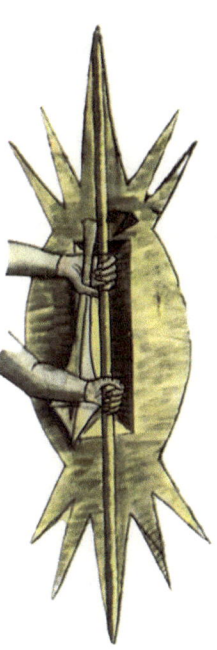

Techniques et utilisation

Les techniques avec le bouclier de duel varient en fonction de l'arme secondaire que le combattant porte, mais Talhoffer décrit plusieurs actions spécifiques :

1. ***Bloquer et Contre-Attaquer*** : Grâce à sa taille, le bouclier permet au combattant de bloquer les attaques adverses de manière efficace, puis de contre-attaquer rapidement avec une arme comme une épée ou une masse. Le bouclier peut également être manipulé de façon à déstabiliser ou repousser l'adversaire.
2. ***Attaques directes*** : Comme la plupart des boucliers, le bouclier de duel peut être utilisé comme une arme offensive. Le combattant peut frapper son adversaire avec l'umbo du bouclier ou les bords dentelés pour infliger des coups puissants.

3. ***Arrachement et désarmement*** : Le bord dentelé du bouclier permet aussi des techniques de désarmement. Talhoffer montre par exemple comment un combattant peut utiliser son bouclier pour saisir et arracher une arme de l'adversaire, comme une masse.

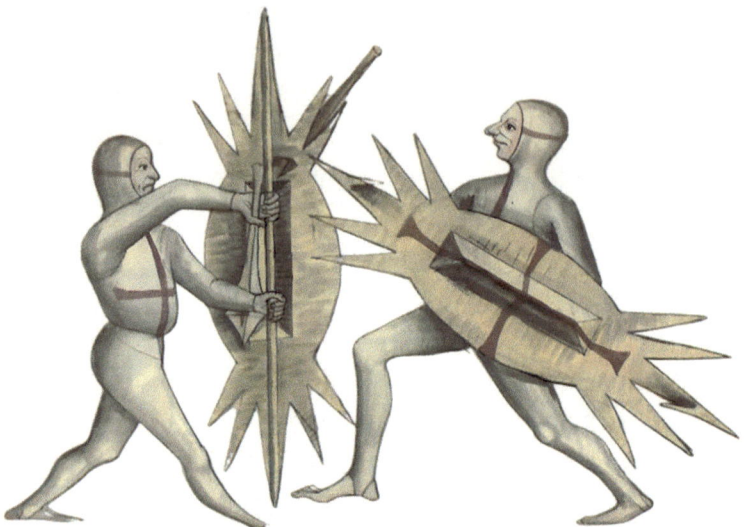

4. ***Protection tactique et psychologique*** : La grande taille de ce bouclier donne un avantage au combattant, car il peut paraître presque invincible derrière cette barrière mobile. De plus, il oblige l'adversaire à ajuster son angle d'attaque pour éviter les zones couvertes.

Un usage réservé aux duels

Apparu au XIIIe siècle, le bouclier de duel était utilisé lors de combats judiciaires. Ces combats avaient souvent des règles précises, et le bouclier de duel permettait un affrontement spectaculaire et symboliquement chargé.

Dans la chorégraphie

Aujourd'hui, le bouclier de duel reste un élément fascinant des reconstitutions historiques et des chorégraphies de combat. Il peut ajouter une dynamique unique sur scène, car sa taille et ses techniques permettent de reproduire des moments visuellement impressionnants et de montrer des techniques variées qui rappellent les combats du passé.

Le bouclier de duel est donc une arme qui se distingue par sa polyvalence et sa puissance, combinant défense, attaque, et intimidation visuelle, ce qui en fait une pièce d'armement particulièrement mémorable.

La hache noble (hache de guerre)

Les combats avec la hache noble sont très spectaculaires. Cette arme est généralement destinée au combat en armure et convient aussi bien aux duels hache contre hache qu'aux combats asymétriques, par exemple contre une épée longue ou une masse d'armes. Elle se distingue également dans les mêlées.

La longueur de l'arme varie de 1,50 m à 1,80 m pour un poids de 1 kg à 1,4 kg. La hache se compose de trois parties : la tête ou le gros bout, la *demy-hache* et la queue. Sur la tête se trouvent le dard, le tranchant ou "hache" (droit, concave ou convexe) et le marteau/bec de faucon.

Toutes ces pièces sont fixées à la hampe par deux rails. Une rondelle empêche la main de remonter trop vers la tête.

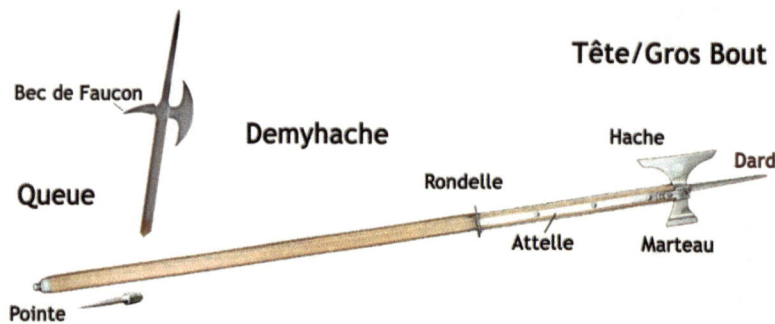

La demy-hache est la partie située entre les deux mains. L'extrémité inférieure de l'arme, la queue, peut être nue, ferrée ou équipée d'une pointe.

L'arme se manie à deux mains. Il existe deux possibilités de prise : soit avec les pouces alignés vers la tête de la hache, soit avec les pouces en opposition. La première prise convient aux grands coups portés des deux côtés de la tête de la hache. La deuxième prise est adaptée aux attaques avec le dard de la tête ou la pointe de la queue.

Le maniement est proche de celui du bâton à deux bouts et, comme nous l'avons déjà mentionné, Peter Falkner, dans son traité, a commencé le chapitre sur cette hache par des exercices pour le grand bâton.

Quelques exemples du maniement de la hache par Peter Falkner[30][31] :

Retiens, si tu as une hache meurtrière ou une hallebarde à la main et lui aussi, tiens-la horizontalement (zwerch) devant toi bien sur tes jambes, le pied gauche en avant et la pointe (de la queue) vers son visage. S'il te frappe par le haut ou s'il exécute un coup d'estoc, fais la déflexion et travaille, comme tu le sais bien, avec la queue

Une autre pièce.

S'il te frappe à la tête par le haut, tiens ton arme vers le haut pour te protéger et dévie le coup. S'il essaie de te l'arracher, frappe ou estoc-le au visage.

Sache que si tu n'y parviens pas, passe juste en dessous pour la lutte.

---

[30] Peter Falkner, Ms. KK5012, XVIème siècle
[31] Traduction en français à partir de la transcription de Dierk Hagedorn.

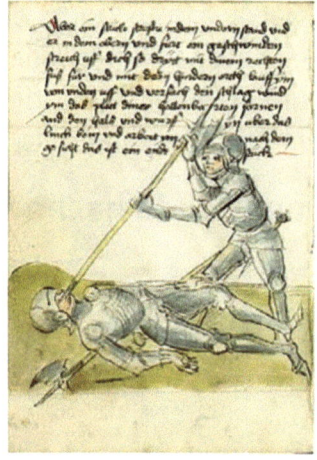

Un autre morceau : si tu es en position basse et qu'il est en position haute et qu'il te donne un coup rapide, déplace ton pied droit vers l'avant. Remontez rapidement par le bas avec la queue et interceptez le coup. Enroule *(winde)* la lame de ta hallebarde, ramène l'à son cou par devant et lance-le par-dessus ta jambe gauche. Attaquez-le au visage. Ceci est une pièce qui fait une fin.

Cette pièce est simple et facile : si tu as une hallebarde et qu'il en a une aussi, et qu'il s'oppose à toi en tirant son arme pour te frapper, place-toi avec la hallebarde pressée contre ton corps. S'il frappe d'en haut ou d'en bas, porte-lui un coup et envoie sa hallebarde au loin avec la tienne, ou pique-le au visage : c'est bien.

Une nouvelle pièce.
S'il veut te jeter par-dessus le pied gauche et qu'il a mis la hache de guerre sur ton cou, passe la hallebarde derrière son coude, de sorte que la queue soit dirigée vers le haut, et repousse-le par le haut. Tu contres ainsi son action.

Retiens-le, car c'est le meilleur morceau parmi les autres avec la hallebarde.
Si vous êtes face à face et que personne ne veut frapper en premier, commence par donner un grand coup. S'il lève son arme pendant qu'il s'avance, retourne ton coup et frappe en direction de son corps ou de son visage. Ainsi, il ne pourra pas parer et c'est une bonne chose.

D'autres armes sont maniées de manière similaire, comme la vouge, la langue de bœuf, le fauchard ou la hallebarde.

Les armes d hast

Vouge

Arme d'hast en usage au Moyen Âge, composée d'une lame tranchante montée sur une hampe longue de 4 à 6 pieds. Le vouge était essentiellement une arme d'homme de pied ; on appelait d'ailleurs souvent "vougiers" les fantassins qui le portaient. Cette arme fut en usage du XIIIe au XVe siècle inclus. Sa lame asymétrique, à un ou deux tranchants toujours larges, se terminait en une pointe plus ou moins camarde ou courbe, avec un talon renforcé, souvent garni d'une rondelle. C'était une arme de taille, principalement destinée à couper les jarrets des chevaux.

Fauchard

Arme d'hast à large fer en forme de serpe, dont le dos, opposé à la plus longue courbure, est droit ou concave, tandis que le tranchant est convexe. Le fauchard se distingue de la guisarme par la direction de son tranchant et de sa pointe, généralement orientée vers l'arrière, ainsi que de la faux de guerre par la dimension et la nature de ses courbes. Les fauchards très anciens portent en général, sur leur dos, des oreillons horizontaux ou des crochets orientés de haut en bas, qui servaient à tirer les adversaires par les saillies de leurs armures. La longueur de la hampe variait entre 8 et 12 pieds, celle du fer entre 1 et 2 pieds. Le fauchard est une arme d'homme de pied qui fut en usage du XIIIe au XVe siècle. Il est très difficile de distinguer précisément les fauchards relativement récents, qui restèrent en usage comme armes de remparts jusqu'au XVIIIe siècle, des faux de guerre, couteaux de brèches, etc.

Guisarme

Arme d'hast à fer asymétrique, prolongé en lame de dague et dotée d'un ou deux crochets sur le dos. La guisarme a presque toujours été confondue avec le fauchard, dont elle se distingue par sa lame en forme de dague. Elle fut surtout utilisée du XIIe au XVe siècle par les fantassins. À ce titre, les francs-archers furent longtemps appelés "guisarmiers".

Hallebarde

Arme d'hast à fer pointu et tranchant, qui fut en usage à la guerre du XIVe au XVIIe siècle et continua à être portée, par la suite, par certains bas officiers et les gardes suisses. La hallebarde se distingue par son fer asymétrique, qui s'épanouit d'un côté en large hache ou couperet, tandis que le dos, souvent prolongé en pointe de dague, est doté de crochets recourbés opposés à la hache. La hampe de la hallebarde est un fût de frêne dont la longueur varie de 1,80 m à 2,40 m ; l'arme complète peut mesurer jusqu'à 10 pieds. Ce fut une arme de fantassin, particulièrement utilisée en Allemagne et en Suisse à partir du XIVe siècle. Les sergents d'infanterie en furent munis jusqu'à la Révolution. Dès le règne de Louis XIV, cependant, les hallebardes devinrent plus légères, avec un fer symétrique et deux extensions en forme de hache arrondie, conforme au type que l'on voit encore entre les mains des gardes suisses d'église. En outre, les types de hallebardes ont varié à l'infini selon les époques et les pays.

Langue-de-boeuf

La langue de bœuf était une demi-pique utilisée au XVème siècle. Elle était particulièrement appréciée par les combattants de seconde ligne sur les champs de bataille.

Son nom provient probablement de la forme de sa lame, qui rappelait la langue d'un bovin.

Elle était conçue pour être efficace dans différentes situations de combat :

1. Percer : Sa lame pointue permettait de porter des estocs puissants.

2. Trancher : Le tranchant de la lame était utilisé pour des attaques de taille.

3. Frapper : La masse de l'arme pouvait être utilisée pour asséner des coups contondants.

Cette polyvalence en faisait une arme redoutable sur le champ de bataille, capable de s'adapter à différents types d'adversaires et de situations de combat.

La lutte à bout de bras

Comme je l'ai déjà mentionné, la lutte occupe une place importante dans l'art du combat médiéval. Loin d'être une simple démonstration de force brute, elle combine technique, stratégie et spectacle. J'aimerais vous présenter une forme de lutte particulièrement spectaculaire, conçue pour être bien visible par les spectateurs : la lutte à bout de bras, appelée en allemand *« **Ringen am langen Arm** »*.

Cette discipline, à la fois physique et tactique, est documentée dans plusieurs traités médiévaux, tels que ceux de Talhoffer[32], Albrecht Dürer[33] ou dans le Codex Wallerstein[34], qui nous offrent des représentations imagées et parfois des explications détaillées.

Le principe de la *« lutte à bout de bras »* repose sur une série de mouvements précis et calculés. Le combat commence souvent par des poussées et des tractions visant à déséquilibrer l'adversaire. Une fois ce déséquilibre amorcé, les lutteurs enchaînent avec des crochets, des prises de bras ou de jambes, des clés articulaires, et parfois des projections spectaculaires. L'objectif ultime est

---

[32] Hans Talhoffer 1467, VD-Books 1998

[33] Albrecht Dürer, Das Fechtbuch 1498 – 1520, Dierk Hagedorn VD-Books 2021

[34] Codex Wallerstein 15ᵉ siècle, Gr.Zabinski, Paladin Press Book 2002

d'amener l'adversaire au sol, ce qui marque généralement la fin du combat.

Cependant, dans un contexte martial réel, la victoire au sol n'est que la première étape. Une fois l'adversaire à terre, il est souvent neutralisé à l'aide d'un poignard, une pratique qui rappelle que ces techniques étaient avant tout destinées à la survie sur le champ de bataille. Cette dimension mortelle contraste avec l'aspect ludique et spectaculaire que pouvait revêtir la lutte lors de tournois ou de démonstrations publiques.

La *« Ringen am langen Arm »* n'est pas seulement un témoignage historique ; elle continue d'inspirer les passionnés d'arts martiaux historiques européens (AMHE) aujourd'hui. Les reconstitutions modernes permettent de redécouvrir ces techniques et de mieux comprendre l'ingéniosité et la complexité des méthodes de combat médiévales. C'est la dimension spectaculaire qui lui donne sa place dans nos chorégraphies.

En somme, cette forme de lutte incarne parfaitement l'esprit du combat médiéval : un mélange de force, de finesse et de spectacle, où chaque mouvement est pensé pour impressionner autant que pour vaincre.

Préparation

Comme pour toute discipline de combat, la stabilité et l'équilibre sont cruciaux. Une bonne posture constitue la base de toute technique réussie. Voici deux exercices fondamentaux pour s'entraîner à ces aspects :

1ᵉʳ exercice : Trouver sa posture de base

1. Placez vos pieds parallèles, à peu près à la largeur des épaules.
2. Effectuez de petits sauts sur place pour activer votre équilibre.
3. À un signal sonore, arrêtez-vous brusquement en laissant tomber les bras le long du corps et en abaissant vos mains vers le sol tout en pliant les genoux.
4. Ajustez vos pieds pour que vos bras passent entre vos jambes, à hauteur des genoux.
5. Répétez cet exercice plusieurs fois jusqu'à obtenir instinctivement la bonne distance entre vos pieds.

2ᵉ exercice : La position *Waage* (Balance)

1. Trouver la bonne distance entre les pieds, c'est-à-dire un peu plus large que les épaules. La position des pieds est appelée "Waage" (Balance).
2. Plier légèrement les genoux et lever les bras devant vous.
3. Faites pivoter votre torse de droite à gauche, puis inversement, tout en gardant les bras détendus. Ce mouvement, appelé *Zwerch*, est une frappe horizontale bien connue dans la pratique de l'épée longue.

4. Relâchez votre corps après chaque série de mouvements.

Position de base

Comme au judo ou dans d'autres sports de combat, une position de base stable est essentielle. Elle constitue le point de départ de toute action. Placez votre pied gauche en avant et posez votre main gauche sur l'épaule droite de l'adversaire, tandis que votre main droite se place sous son coude gauche. Assurez-vous que :

- Le bras dont la main est proche du coude passe à l'extérieur.
- Le bras dont la main est près de l'épaule passe à l'intérieur.

Cette position évolue constamment au fil des mouvements, les mains changeant de place à chaque pas.

Important : Il est primordial que toutes les actions se fassent en parfaite coopération. Le partenaire ne doit jamais vraiment être projeté au sol ; c'est lui qui gère le mouvement avec notre aide après qu'il a été amorcé.

Exemples d'actions adaptées à la chorégraphie

Ces techniques ont été sélectionnées pour leur impact visuel et leur sécurité, tout en permettant une continuité fluide dans l'enchaînement des actions.

1. **La prise du genou**

Si votre partenaire avance un pied, utilisez le bras opposé pour passer votre main derrière son genou. Soulevez ce genou tout en utilisant l'autre main pour l'équilibrer. Placez ensuite votre pied derrière son pied restant au sol et poussez-le légèrement vers l'arrière.

Sécurité : Employez une force modérée pour éviter les blessures. Votre partenaire doit contrôler sa chute en s'asseyant au sol.

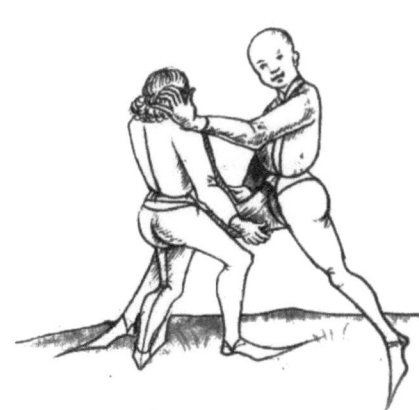

Conseil : Pour contrer une riposte, poussez légèrement la tête de l'adversaire vers l'arrière.

2. Zwerch par-dessus de la jambe

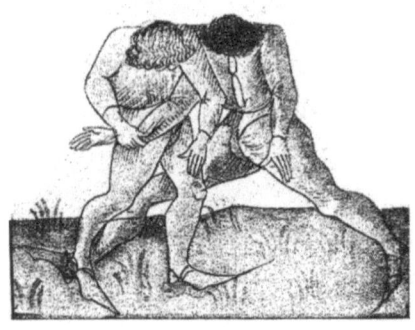

Si votre partenaire recule avec son pied gauche, on le suit avec la main droite vers sa cuisse pour le provoquer à faire un pas plus grand vers l'arrière. S'il le fait, on change de côté et passe derrière lui avec le pied gauche et on le pousse avec le Zwerch vers la gauche par-dessus la jambe.

Cette action peut être répétée de chaque côté.

3. Zwerch et dégagement sous l'aisselle

En lutte à bras longs, dégagez votre bras droit et glissez-le sous l'aisselle gauche de votre adversaire. Passez votre jambe droite derrière son pied droit et tenez son coude droit.

En sautant légèrement, tirez fortement vers l'avant pour empêcher l'adversaire de se placer dans votre dos.

Cela peut se faire des deux côtés, en fonction de sa position.

Si l'adversaire tente une projection, placez votre genou en avant ou reculez rapidement avec le pied. Contrez ensuite avec une clé de bras ou une projection tournante.

Intégration dans une chorégraphie

Ces actions sont idéales pour inclure des séquences de lutte entre deux échanges d'armes. Leur principal avantage réside dans leur conclusion par une projection visuellement spectaculaire, tout en permettant à l'un des combattants de rester debout.

Dans une chorégraphie, il est conseillé de réserver les phases de lutte pour la deuxième moitié ou le dernier tiers de l'affrontement, afin de maintenir un rythme dramatique croissant. De plus, éviter les combats au sol est généralement préférable dans un spectacle, car ces phases sont souvent moins lisibles pour les spectateurs.

Le combat en armure

Lorsque je pense au combat en armure, je me souviens toujours d'une certaine troupe du Jura. Leur marque de fabrique était des armures faites de pièces rouillées et des combattants qui se déplaçaient en faisant le bruit de casseroles. Cela faisait rire beaucoup de monde, mais la troupe s'est accrochée pendant des décennies à l'image avec laquelle elle construisait et vendait ses animations.

Aujourd'hui, lorsque l'on voit des armures et des armes rouillées lors de fêtes médiévales, cela a généralement plus à voir avec de la négligence qu'avec un effet théâtral.

Le combat en armure est un véritable art, dont les images nous viennent souvent des traités de l'époque et de récits de grands duels. Dans la discipline du combat en armure complète, l'accent est mis sur la robustesse de l'équipement, la tactique spécifique à chaque type d'arme, et le respect des rituels du duel chevaleresque.

L'armure : une seconde peau

FUROR ET FERRUM, Pavone Canavese 2014

Contrairement aux clichés souvent véhiculés, comme celui de cette troupe du Jura, où les armures sont rouillées et bruyantes, l'armure d'un chevalier était un objet de grande valeur. Fabriquée par des artisans spécialisés, elle représentait un équipement d'élite, soigneusement entretenu, que le chevalier portait comme une seconde peau. Une armure médiévale des XVe et XVIe siècles était généralement conçue pour offrir une protection maximale tout en permettant une mobilité étonnante, malgré son poids pouvant atteindre 40 kilogrammes.

Les armes du chevalier en armure

Le choix des armes pour les combats en armure dépendait de la robustesse de l'équipement de l'adversaire. Parmi les armes utilisées en duel, on trouvait des armes d'hast comme la hache de guerre, des hallebardes, des lances, et des marteaux de guerre, mais aussi l'épée à une main et demie et la dague. La fermeture de la visière du casque réduit considérablement le champ de vision du chevalier, ce qui rendait le combat encore plus exigeant en matière de technique et de positionnement. Cependant, grâce à son armure, le chevalier bénéficiait d'une protection accrue contre les attaques directes, et un combattant non protégé devait souvent être épaulé par d'autres pour espérer en venir à bout.

Le déroulement des duels en armure

Les duels entre chevaliers en armure suivaient un protocole particulier qui soulignait le caractère solennel de l'affrontement. Les descriptions de ces combats par Talhoffer nous offrent un aperçu détaillé :

L'arrivée des chevaliers : Les combattants faisaient leur entrée en armure, apportant avec eux leurs armes et, de manière symbolique, leurs cercueils.

L'annonce par le héraut d'armes : Dans leurs coins respectifs, à la manière des lutteurs modernes, les chevaliers étaient annoncés par le héraut, qui présentait leur nom, leur rang, et leurs exploits.

Premiers échanges : Le combat débutait avec des javelots.

Engagement à la demi-épée : Les chevaliers passaient ensuite au corps à corps avec la demi-épée, une technique qui permet un meilleur contrôle de la lame pour attaquer les parties les plus vulnérables de l'armure.

Défaite et fin tragique : Le duel se terminait souvent par une immobilisation au sol. Le vainqueur, assis sur son adversaire, relevait la visière du casque et frappait avec une dague, généralement au visage, pour porter le coup final.

Cette fin brutale n'était pas un détail anecdotique, mais plutôt une conclusion symbolique du duel en armure, où la dague, devenue l'arme ultime de l'assassin chevaleresque, servait à ancrer le combat dans une réalité mortelle et sans concession. Le duel entre Bayard et Sotomayor, où Bayard tua son adversaire par des coups de dague au visage, illustre bien cette tradition.

Le combat en armure est donc non seulement un art martial mais également une mise en scène élaborée et ritualisée. Il allie la discipline physique à la solennité des valeurs chevaleresques, et cette culture du duel perdure dans les reconstitutions, les traités historiques et l'imaginaire collectif.

Le combat en armure dans les tournois

Outre les duels de chevaliers, les tournois permettaient de montrer l'art du combat en armure dans un cadre plus contrôlé et souvent moins mortel. Les tournois médiévaux étaient des événements spectaculaires et très attendus, où l'élite noble et guerrière démontrait son habileté au combat. Organisés pour le divertissement de la cour et pour l'entraînement des chevaliers, ces tournois suivaient des règles strictes et comportaient plusieurs épreuves, allant des joutes à cheval aux combats à pied.

Nozeroy 2005

1. **Les jeux d'adresse** : Je vais en citer deux dont je sais qu'ils plaisent toujours au public. Il y a d'abord **le jeu des anneaux**. Le cavalier devait passer sa lance à travers des anneaux suspendus. Les anneaux étaient généralement de taille décroissante, augmentant ainsi la difficulté. En général, le cavalier passait au galop, ce qui ajoutait un défi

supplémentaire. L'objectif du jeu était d'enfiler le plus d'anneaux possible sur la lance pour démontrer sa précision et son habileté équestre.

Un autre jeu très populaire était **_la course à la quintaine_**. La quintaine est un mannequin ou un bras tournant autour d'un axe, à hauteur de cavalier. D'un côté, on trouve un bouclier qui est une des cibles que le cavalier doit attaquer avec sa lance. De l'autre côté se trouve un baluchon lourd qui, lorsque le mannequin tourne sur son axe, peut mettre le cavalier en danger. Le mât tournant est souvent coiffé d'une tête qui porte un casque.

Contrairement à ce qu'on pourrait penser, la vraie cible était la tête du mannequin. Le cavalier devait la frapper avec sa lance en passant au galop. Frapper le bouclier faisait tourner le bras, ce qui risquait de faire recevoir le baluchon dans le dos.

2. **_La joute_** : C'est l'épreuve la plus emblématique, où les chevaliers montaient à cheval et chargeaient l'un contre l'autre avec des lances. Le but était souvent de désarçonner l'adversaire, mais dans le spectacle aujourd'hui, les lances en bois de balsa, fabriquées

Nozeroy 2005

pour se briser à l'impact, font suffisamment vibrer les spectateurs.

3. ***Le combat à pied*** : Dans une arène délimitée, les chevaliers se battaient à pied avec des épées, des haches ou des masses. L'objectif n'était pas de tuer, mais de prouver sa force, sa résistance et son habileté en respectant un code d'honneur.

La noblesse des tournois résidait dans le fait que, même en plein combat, les chevaliers suivaient des règles qui renforçaient leur statut de guerriers disciplinés et honorables. Gagner un tournoi était une grande fierté pour les chevaliers, car cela symbolisait leur valeur et leur habileté.

Le combat en armure, comme il est pratiqué dans le cadre des spectacles médiévaux, reste une discipline impressionnante qui mêle technique, force, et histoire. La fascination pour ces chevaliers d'antan se perpétue, car, au-delà de l'armure et des armes, c'est tout un art de vivre, un engagement, et un code d'honneur qui sont rappelés et remis en valeur.

Acte 4 :
Annexes

Petit glossaire des termes allemands d'escrime médiévale. Version 3.1 (2024)

Termes allemands	*Traduction française*	Brève explication
Abnehmen	*Détacher*	Si, lors de l'engagement, l'adversaire appuie fortement contre la lame sans pour autant nous menacer avec la pointe, on fait glisser l'épée le long de la lame adverse vers le haut, puis, en changeant de côté, on frappe vers la tête. Cette technique correspond au « coupé » dans l'escrime moderne.
Abschnyden	*Trancher*	Couper par-dessus ou par-dessous dans le bras, habituellement avec le tranchant long
Absetzen	*Décrocher*	Il s'agit d'une déflexion d'une attaque sur une ouverture en ligne basse, en passant par-dessus l'arme de l'adversaire et en poussant la lame vers le côté.
Abziehen, Abzug	*Retirer, retrait*	Se retirer de son adversaire.
Alber, olber	*Le fou ou le sanglier*	C'est l'une des quatre gardes principales avec l'épée en ligne basse en face du corps, la pointe dirigée vers le sol. C'est la seule position qui ne permette pas une attaque directe avec le tranchant de l'épée, mais une attaque de pointe du bas vers le haut.

Anbinden, binden	*Engager*	Prendre contact avec la lame de l'adversaire.
Ansetzen	*Estoquer*	Exécuter un coup d'estoc, placer la pointe.
Arbeit, arbeiten (voir Handarbeit)	*Ouvrage, œuvrer*	Toute action en contact avec le fer adverse.
Austrytt	*La sortie*	Sortir d'une position principale pour attaquer.
Band, Bindung (voir anbinden)	*Engagement*	Situation de deux lames en contact. L'engagement consiste à prendre contact avec la lame de l'adversaire.
Blossfechten	*Escrime sans protections*	Combat sans armure
Blösse	*La faiblesse ou l'ouverture*	Le corps du combattant est coupé en quatre par une ligne horizontale et une ligne verticale, ce qui crée quatre faiblesses ou ouvertures. Il s'agit de cibles potentielles, parties du corps qui ne sont pas couvertes.
Brechen	*Briser*	1. Entrer par force, blessé. 2. Défense efficace qui brise l'attaque de l'adversaire.
Brentschirn	*Opposition*	1. Prise de fer où l'on s'empare de la lame adverse en la maîtrisant progressivement jusqu'à la fin de l'offensive, dans la même ligne, jusqu'à la fin de l'offensive. 2. Il s'agit d'un moment du combat rapproché où les deux tranchants sont engagés et où chaque adversaire cherche à prendre l'avantage. À partir de ce moment, on essayait de s'emparer de l'épée adverse.
Bruch	*Rupture*	Défense efficace qui brise l'attaque de l'adversaire.

Buckler	*La rondache*	Il s'agit d'un petit bouclier rond, en bois ou en acier, souvent muni d'une pointe au milieu.
Büffel	*Buffle*	Ce nom est injurieux pour un combattant qui ne montre aucune connaissance de l'art du combat et n'utilise que la force.
klinge	*Lame*	
Degen (tegen):	*La dague*	Longue dague à double tranchant.
Donnerschlag	*Coup de tonnerre*	Voir **Mordschlag**
Drey hewe	*Les trois coups*	Une série de trois coups : un ***unterhau*** arrivant de la droite, suivi d'un ***unterhau*** passant dans un ***scheitelhau*** venant du haut.
Drey wunder	*Les trois vulnérants [ARDAMHE]*	Le coup ***(hauw)***, le coupé ***(schnitt)***, et le coup d'estoc ***(stoss)***.
drücken	*Baisser ; faire mal à ; appuyer sur ; oppresser ; presser.*	
Duplieren	*Doubler, doublement*	Doubler un coup
Durchlauffen	*Traverser, passer en dessous*	1. Dans l'engagement des deux lames dans le fort, on passe en dessous de la lame adverse pour entrer dans la lutte. (Liechtenauer) 2. Passer sous un coup porté trop haut.
Durchwechseln	*Dégagement, dégager*	Il correspond au dégagement moderne, à savoir une action offensive simple qui consiste à quitter la ligne dans laquelle on se trouve pour tirer dans une autre. À partir de la ligne haute, le dégagement se fait par-dessous la lame adverse ; à partir de la ligne basse, par-dessus.

Einhorn	*La licorne*	1. Coup droit vers le visage à partir du **sprechfenster**. A **valsch ortt**, ce coup droit était considéré comme dangereux et malicieux. [Wierschin] 2. Garde secondaire – la lame est dirigée vers le haut, les mains sont à droite (pied gauche devant) ou à gauche (pied droit devant) de la tête. [Meyer]
Einlauffen	*Rentrer dedans*	1. Plongée sous l'arme adverse en attaquant. [Wierschin] 2. Raccourcir la distance pendant le combat pour entrer dans **krieg** ou dans la lutte. [d'après Ringeck]
Eisenport, isern pfortte, isenpforte	*La porte de fer*	Position avec la jambe droite devant couvrant les ouvertures en ligne basse. La lame se trouve à l'intérieur du corps, la pointe est dirigée vers le haut, les mains sont à la hauteur du genou droit. [Meyer]
Entrüsthau	*Coup de désarmement*	Un coup avec le messer (Lebkücher), correspond au **zwerchhau** chez Ringeck.
Fehler, feler	*La feinte*	Voir **veller**
Ferzucken	*Une version d'attaque composée*	Changement de la direction de l'attaque avec un mouvement sec et soudain.
Finden	*Trouver, retrouver ; reconnaître, diagnostique, distinguer ; inventer,*	
Fläche	*Plat de la lame*	
Fryer ortt	*Estocade lancée*	Coup d'estoc exécuté sans partir d'une position précise (libre).

Fulen, fühlen	*Ressentir et sentiment du fer*	
Geferhau	*Coup crânien*	Coup avec le messer (Lebkücher), correspond au **Scheitelhau** chez Liechtenauer
Gehiltz, gehültz, Gefäss:	*La vase*	L'ensemble quillon-poignet
Geschrenckt ortt	*Estocade les bras croisés*	Un coup d'estoc avec les bras croisés, le bras gauche sous le bras droit.
Gewapent stehen	*Tenir armer*	Tenir son arme en **demi-épée**. On dénombre quatre positions principales. [D'après Liechtenauer]
Gewapent ortt	*Estocade à demi-épée*	Coup d'estoc à partir de **gewapent stehen** avec l'arme en demi-épée.
glitzen, glützen, klutzen, klitzen	*S'entre-choquer*	Contacte violente entre deux lames
Glutzhau	*Déflection avec le court tranchant*	La position de départ est le Fou (Alber). Si l'adversaire frappe par le haut contre l'ouverture gauche, on frappe par le bas avec la main tournée ou retournée contre sa lame entrante. Le contact entre les lames se fait sur le faux plat. Ensuite, en tournant le poignet dans un élan, on frappe avec le court tranchant par-dessus de la main vers la tête de l'adversaire.
Greyffen	*Agripper*	
Halbschwert:	*Demi-épée*	Prise de la main gauche posée sur le milieu de la lame et la main droite tient la poignée de l'épée.
Handarbeit	*Travail manuel*	Toute action dans l'engagement avec la lame de l'adversaire.

hende trucken	*Presser les mains*	
Hangen, hengen	*Suspendre, suspension ligne basse - ligne haute*	Tenir son épée avec la pointe dirigée vers le visage de l'adversaire. On distingue deux gardes : « ***untere hengen*** » qui correspondent à la position ***Pflug***, et deux gardes « ***obere hengen*** » qui correspondent à la position ***Ochs***.
Harnischfecht en	*L'escrime armée*	Combat en armure.
Hart	*Ferme, fermeté*	Sentiment du fer : l'adversaire résiste fortement au contact de la lame.
Hau, haw	*Le coup*	Tout coup porté avec le tranchant ou le faux tranchant.
Hut, leger	*La garde ou garde principale*	Contrairement à l'escrime moderne, la garde est une position d'attaque qui permet à la fois de menacer l'adversaire et de couvrir des faiblesses ou des cibles potentielles. On dénombre quatre positions principales : le jour, le bœuf, la charrue et le fou. [d'après Liechtenauer]
Gleich	*Le même temps*	Le terme « le même temps » désigne une situation dans laquelle les deux combattants frappent simultanément. Si les coups sont identiques, par exemple un coup de colère de droite, les deux coups se neutralisent. Si les coups sont différents, il y a un risque que les deux soient touchés.

Indes	*Pendant*	Il existe différentes interprétations du mot « pendant ». La plus simple est qu'il ne faut pas perdre la vue d'ensemble de la confrontation. Pendant l'action, qu'il faut par exemple garder à l'esprit qu'en même temps que j'attaque l'ouverture à gauche, je m'ouvre aussi sur ma gauche, de même que l'effort pour dévier mon arme expose mon adversaire à droite. Ce mot ne signifie rien d'autre que la nécessité pour un combattant de garder un certain recul.
Kampffechten	*Combat armé*	Combat réel en armure pendant la guerre ou pendant un jugement de Dieu.
Krauthacke, krawthacke	*Houe*	Suite de plusieurs coups rapides de haut en bas. [Döbringer]
Krieg	*La guerre*	Combat rapproché (*close combat*).
Kron, Krone	*La couronne*	1. Position avec la demi-épée au-dessus de la tête. [Wierschin] 2. Chaque **versetzen (déflection)** ou interception de la lame adverse avec le quillon, la garde ou le fort de l'épée au-dessus de la tête. [Meyer] 3. Technique défensive avec la longue épée, tenue avec le plat devant la tête, la pointe et un quillon de la garde en croix formant un « V » ouvert vers le haut.

Kronhau	*Le coup de couronne*	La position de départ est la charrue (Pflug). Si l'adversaire porte un coup supérieur, relève la garde et attrape son coup en l'air avec le bouclier ou le quillon. Dès qu'il y a contact avec la lame, pousse le pommeau vers le haut et frappe le faux tranchant derrière sa lame à la tête. [Meyer]
Krumphaw	*Le coup crochu ou coup tordu, le coup pendulaire*	Exécuté comme suit : depuis la garde furieuse, lorsque l'adversaire frappe vers ma gauche, on fait un pas vers la droite et on frappe avec le long tranchant, les bras croisés entre la tête et la lame, cette dernière étant placée en travers de la main de l'adversaire. On fait alors passer la lame au-dessus du bras. Ce coup peut également être utilisé pour parer un coup dirigé vers ma droite. Pour cela, il faut faire un pas vers la gauche et frapper avec le contre-tranchant entre la tête et la lame.
Kurzhau	*Coup raccourci*	Coup porté avec le tranchant long et les bras racourcis vers la tête. [Meyer]
Kurtze schnyde, schnaide, schneyde	*Tranchant court, faux tranchant*	Le tranchant court se trouve quant à lui en prolongation du pouce. À l'inverse du tranchant long.
Kurtzes schwert	*Demi-épée*	Voir **Halbschwert**.
Langer ort, Langort, lang ortt:	*Pointe longue*	1. Position de garde : l'épée est tenue à bras longs devant le corps, la pointe vise le visage adverse. 2. Coup d'estoc sur une longue distance, porté à la seule force des bras.

Lange schnyde	*Tranchant long*	Le tranchant long se trouve à la jonction des quatre doigts.
Leger, lager	*La garde*	Autre nom pour « hut » désignant toute position de combat.
Leichmeister	*Petit maître ou maître de danse*	Terme historique pour désigner un escrimeur qui fait du théâtre ou de la danse et pratique l'escrime en effectuant de grands mouvements afin de divertir le public.
letzen	*Nuire à*	
Lincke clinge	*Faux tranchant*	Voir **kurtze schnyde**.
Meisterhau	*Le coup de maître*	1. Coup qui protège et touche en même temps. [Meyer] 2. Terme désignant les « coups cachés » de Liechtenauer.
Mittel haw	*Coup horizontal*	Tout coup plus ou moins horizontal.
Mortschlag	*Le coup d'assassin*	Coup exécuté en force avec la garde et le pommeau de l'épée, en tenant la pointe de la lame avec les deux mains.
Mutieren	*Muter*	Envelopper dans l'engagement la lame adverse vers le faible et exécuter une estocade dans une faiblesse haute ou basse.
Nach	*Après*	Action défensive en réaction : le combattant perd l'initiative et subit l'attaque de l'adversaire, mais essaie ensuite de reprendre l'initiative.
Nachbinden	*Engagement après une attaque*	1. Attaque composée qui consiste à gagner le faible de l'épée de l'adversaire pour se rendre maître de la ligne. 2. Lier un coup avec un engagement des deux lames.

Nachraysen	*Contre-attaque*	Contre-attaque sur une ouverture temporaire à la suite du mouvement d'armement de l'adversaire.
Nebenhut	*La garde latérale ou secondaire*	1. Toute position de garde en ligne basse avec la pointe de l'arme dirigée vers le sol. Le terme allemand indique que l'arme est tenue sur le côté du corps. [Meyer] 2. Position de garde de moindre importance.
Oberhau	*Coup haut*	Tout coup venant du haut.
Oberleger/hut	*Le jour, le faucon ou la position haute*	Une des quatre gardes principales qui permet une attaque directe du haut vers le bas *(oberhau)*. Les mains sont au-dessus de la tête et la pointe est dirigée en diagonale vers le haut en arrière. Voir **Vom Tag**
Ochs	*La garde du bœuf*	La partie supérieure du corps de l'homme est attribuée au bœuf. On peut diviser la posture du bœuf en deux variantes : le bœuf droit et le bœuf gauche. Le bœuf droit se fait de la manière suivante : On avance le pied gauche et on tient l'épée avec la poignée près de la tête, à hauteur de l'oreille droite, de manière à ce que la pointe soit dirigée vers l'adversaire. Pour le bœuf gauche, on fait exactement l'inverse.
Ort, ortt	*La pointe ou l'estocade*	Pointe de la lame, mais aussi toute attaque d'estoc. Ce terme est normalement précédé d'un descriptif. (ex. **Valsch Ortt, Lang ort** etc.)

Pflug	*La garde de la charrue*	La partie inférieure de l'homme est attribuée à la charrue droite ou à la charrue gauche. Ce ne sont en soi rien d'autre qu'une position pour un coup d'estoc par le bas. **Charrue droite :** on avance le pied droit, on tient l'arme avec la poignée à hauteur de la ceinture, les mains pointent vers la gauche, la lame est légèrement en diagonale et la pointe est dirigée vers le corps de l'adversaire. Si l'on avance le pied gauche et que l'on fait de même avec le pied droit, on se retrouve en charrue gauche.
Pfobenzagel	*Roue du paon*	Technique qui ressemble au **Redel** [Döbringer]
Platzen	*Exploser*	Un coup qui touche la cible au niveau du corps. Le mot décrit le bruit du tissu qui se déchire.
Redel	*Rouelle*	Faire tourner la pointe de son épée autour de la pointe de l'épée adverse.
Remen		Viser et toucher.
ringen	*Lutter, la lutte*	
Rossfechten	*Escrime à cheval*	Toute technique de combat à cheval. (lance, épée, etc.)
Ruren, rüren, ruoren	*Toucher*	Toucher le corps avec un coup d'estoc ou de taille.
Ryssen	*Tirailler*	Tirer avec la garde sur des articulations ou sur l'arme de l'adversaire.
Schaittelhaw, scheytelhau, schaytler	*Le coup central ou coup crânien*	Coup vertical direct porté du haut de la position de jour au milieu de la tête de l'adversaire.

Schilhaw, schielhau, Schiller, schilcher, schieler	*Coup du coin de l'œil, coup bigle* [ARDAMHE]	Coup supérieur, on l'appelle ainsi parce qu'on regarde un peu du coin de l'œil en frappant. Il s'agit d'un coup vertical inversé avec le contre-tranchant. Depuis la position du jour ou de la colère, le pied gauche en avant, on frappe en même temps que l'adversaire en tournant la main avec le contre-tranchant vers sa tête. En même temps, on déplace le pied droit vers la gauche. Un des « coups cachés » de Liechtenauer qui sert à contrer un coup du haut et toucher la tête de l'adversaire. [D'après Liechtenauer]
schiessen	*Tirer*	Lancer (un javelot) ou estoquer avec l'épée engagée quand l'adversaire cède à la pression.
Schlachender ortt, schlagender Ort	*Le pommeau*	Voir **Mordschlag** mais aussi les attaques avec le pommeau.
Schnappen	*Happer*	Mouvement soudain et rapide avec l'arme.
Schneid	*Tranchant*	Les épées à une ou deux mains ont deux tranchants identiques. Le côté faisant face à l'adversaire est appelé « long tranchant », « tranchant avant » ou « vrai tranchant », tandis que le côté opposé est appelé « court tranchant », « contre-tranchant » ou « faux tranchant ».
Schnitt	*Entaille*	L'un des trois miracles est exécuté avec force en taillant par-dessus (oberer schnitt) ou par-dessous (unterer schnitt) dans les bras ou au niveau des articulations.

Schrankhut, Schranckhût	*La barrière*	Position : la lame est à gauche du corps, la pointe dirigée vers le sol. Les bras sont croisés. Cette position permet de contrer toute attaque avec un coup crochue.
Schwech, Schwäche	*Le faible*	Le faible de la lame.
schwertnehmen	*Désarmement*	Toute forme de saisir l'épée de l'adversaire.
Schwüch	*Clé du bras*	Clé sur le bras permettant de projeter l'adversaire au sol avec force.
Sprechfenster	*Le parloir*	Dans la position du obere hengen (Ochs), après un Oberhau paré et nachbinden, les deux adversaires conservent les lames engagées. Ils se menacent mutuellement au visage.
Springen	*Bondir*	
Störck, stärke	*Le fort*	1. Engagement en force des deux lames, mais aussi 2. le fort de la lame.
Streychen, straichen	*Froissement*	Il s'agit d'une pression prolongée, brusque et puissante, exécutée en glissant vers le fort de la lame.
Stossen	*Bouter, estoquer*	
Stuck, Stück	*Pièce*	L'ensemble des mouvements d'une action d'attaque décrit dans un traité.
Sturtzhaw	*La flèche*	Il est souvent donné avec le tranchant court en avançant avec le pied. Un coup de pointe est également possible, mais il est plus rare. Le mouvement en avant est indispensable (il rappelle la technique de la flèche en escrime moderne).

Taschenhaw	*Le coup de poche*	Dans le combat à cheval, on utilise un coup de déflexion avec le tranchant long depuis la première position à cheval. La lame est tenue devant le corps, le creux du bras gauche servant de poche.
Tegen, degen	*La dague*	Longue dague à double tranchant.
Treffen	*Toucher*	
Treten, tretten	*Marcher*	
Twer, Twerhaw, Twerchhau	*Le coup croisé ou coup travers*	Voir **zwerchhaw**.
Überlauffen, überfallen	*Coup par-dessus direct, déborder*	1. Coup par-dessus l'arme adverse qui est tenue trop basse. 2. Coup par-dessus une attaque en ligne basse.
Umbschlachen, umbschlagen	*Feinte et coup*	Changer l'attaque et frapper dans l'ouverture opposée.
umschnappen	*Happer*	Voir **schnappen**
Unter	*Dessous*	
Unterlauffen	*Coup par-dessous direct*	1. Coup par-dessous l'arme adverse qui est tenue trop haute. 2. Coup par-dessous une attaque en ligne haute.
Unterhaw:	*Coup bas*	Tout coup du bas vers le haut, porté avec **lange schnyde.**
Valsch ortt	*L'estoc au visage (Mauvais endroit)*	Ce coup droit, qui était considéré comme dangereux et malicieux, n'était autorisé que dans un combat réel.
Veller, feler, fehler	*La feinte*	1. Simulacre d'une action, destiné à tirer parti d'une réaction ou d'une absence de réaction adverse. 2. Mouvement offensif semblable à une attaque, mais destiné à provoquer une réaction de l'adversaire.

verhawen	*Louper, manquer le coup*	
Versatzung, versetzen	*Déflection, Répulsion, «parer», repousser*	L'objectif est de dévier la lame adverse à l'aide d'un *krumphaw*, d'un *zwerchhaw*, d'un *schielhaw* ou d'un *scheitelhaw*. Il s'agit de la seule forme de parade directe. Liechtenhauer dit: « Vor versetzen hüt dich – geschieht es, sehr es müht dich! (Prend garde à *versatzung* – sinon gare à toi.) »
verwenden verzucken	*Retourner Renverser*	
Vom tag, von tach	*Du jour*	Cette garde est issue du coup supérieur, car lorsque vous montez vers lui, le point le plus éloigné que vous atteignez par cette montée s'appelle le jour.
Vor	*Avant*	Moment dans le combat qui précède indes/nach : L'initiative du combat, prendre l'offensive.
Waage	*Balance*	Position en équilibre.
Waich	*Tendre*	Sentiment du fer : l'adversaire offre une faible résistance au contact de la lame.
Wechsel	*Changeur*	Dans la garde latérale, l'épée est tenue à côté du corps, la pointe dirigée vers le bas, le pied avant étant placé devant. Le faux tranchant est dirigé vers le haut.
Wechselhaw	*Coup changé*	Attaque composée partant du changeur – feinte vers une faiblesse et attaque dans l'autre.
Weckemeister	*Le maître réveil*	Coup d'estoc vers le haut après *absetzen* d'une attaque en ligne basse.

werfen	*Projeter, jeter, lancer, mettre à bas*	
winden	*Envelopper*	Action dans l'Indes : travail en contact avec la lame adverse.
Winker, Winkerhau	*Coup du coin*	Le sixième coup de Messerfechtlehre de Johannes Lecküchner consiste, en principe, à commencer par un Sturzhau vers un côté de l'adversaire afin de l'esquiver, puis de changer de côté et d'attaquer sa tête avec un mouvement semblable au *Schielhau*.
zecke et zecken, zeckruoren	*Tique, tiquer, érafler, éraflement*	Une touche légère, sans dégâts.
Zorn haw, zorenhaw	*Le coup de colère ou coup furieux*	Il s'agit d'un coup direct et oblique de l'épaule droite ou gauche (voir la garde de colère) contre l'oreille de l'adversaire à travers les deux lignes diagonales qui se croisent au-dessus de la ligne verticale. Il s'agit du coup le plus fort. Il est également appelé « coup de guerre » ou « coup de père ». « Coup caché » direct venant de derrière l'épaule gauche ou droite. [Meyer]
Zornleger/hut	*La position de colère, furieuse*	L'épée est tenue derrière l'épaule gauche ou droite, les mains hautes et la pointe vers le bas.
Zornort	*L'estocade furieuse*	Coup d'estoc porté avec un grand engagement corporel et l'épée tenue avec les mains au-dessus de la tête.
Zucken	*Jaillir*	On engage le faible de la lame adverse, on retire la pointe et on exécute un coup d'estoc.

Zufechten	*Approche*	Action au début du combat avant l'engagement des lames.
Zwerchhaw, zwer, zwerch	*Le coup croisé ou coup travers*	Le coup médian est effectué avec le long ou le court tranchant. Depuis la position de la colère droite, le pied gauche en avant, on frappe horizontalement au moment où l'adversaire fait un mouvement, en tournant la main, avec le contre-tranchant vers sa tête. De la même façon, depuis la position de la colère gauche, le pied droit en avant, on frappe avec le tranchant vers sa tête.
Zwinger, Zwingerhau	*Coup pressant*	Un coup du Messer de **Lecküchner**. L'équivalent du **Schielhau** chez Liechtenauer.

Sources et bibliographie

TRAITÉS ET MANUELS DE COMBAT

Falkner, Peter, La hache d'armes, Kunsthistorisches Museum Wien, MS KK5012, — 1480

Mair, Paulus Hector, Opus Amplissimum de Arte Athletica, MSS Dresd.C.93/C.94, — Augsburg 1542

Meyer, Joachim, Gründtliche Beschreibung der freyen Ritterlichen unnd Adelichen Kunst des Fechtens, Bayrische Staatsbibliothek, BSB, — Strasbourg 1570

I.33 (Walpurgis Fechtbuch) Royal Armory Ms I.33, Leeds; U.K., — Allemagne 1270 - 1320

Le jeu de la hache BNF MS FR. 1996 — Bourguignon 1465 - 1480

RÉIMPRESSIONS, TRANSCRIPTIONS ET TRADUCTIONS

Castle, Egerton/ Fierlants, Albert, L'escrime et les escrimeurs Reprint FNMA 1994 — 1888

César, La guerre des Gaules (Trad. L.-A. Constans), Collection des Universités de France, LES BELLES LETTRES — Paris 1926

Chidester, Michael, The Flower of Battle / MS M 383, HEMA Bookshelf — 2021

Cinatro, Franck, Le Livre de L'art du Combat, CNRS Editions — Paris 2009

Forgeng, Jeffrey L., The Art of Swordsmanship by Hans Lecküchner, Boydel Press — 2015

Hagedorn, Dierk, Albrecht Dürer / Das Fechtbuch, VS Books — 2021

Hagedorn, Dierk, Das Ortenburger Fechtbuch, VS Books — 2023

Hagedorn, Dierk, Peter von Danzig, VS Books — 2014

Hagedorn, Dierk/ Amberger, J. Christoph, Codex Amberger, VS Books — 2020

Kiermeyer, Alexander, Joachim Meyers Kunst des Fechtens, Arts of Mars Books — 2012

Rector, Mark, Hans Talhoffer, Medieval Combat, Greenhill Books — 2000

Talhoffer/ Hergsell, Talhoffers Fechtbuch 1467, VS Books — 1998

Xénophone, De l'art équestre (Traduction E. DELEBECQUE), Collection des Universités de France, LES BELLES LETTRES — Paris 2002

Zabinski, Grzegorz, Codex Wallerstein, Paladin Press — 2002

LITTÉRATURE SECONDAIRE

Biays, Michel/ Marain, Gaëtan/ Pierre, Alexander, L'épée longue, Lulu.com — 2015

Billacois, François, Le duel, Ecole des Hautes Etudes en Sciences Sociales — Paris 1986

Breuers, Dieter, Versklavt und verraten, Bastei Lübbe — 2007

Brioist, Pascal, Croiser le Fer, Champ Vallon — 2002

Carter, Raymond, Technique de combat au corps à corps, Chiron — 1991

Chauchadis, Claude, La loi du duel, Presse universitaire du Mirail — 1997

Clements, John, Medieval Swordsmanship, Paladin — 1998

Clements, John, Renaissance Swordsmanship, Paladin — 1997

Cognot, Fabrice, Histoire et Patrimoine, Arts de combat, A.E.D.E.H.	2011
Cognot, Fabrice, Histoire et Patrimoine, Maîtres et Techniques de combat, A.E.D.E.H.	2006
Contamine, Philippe, Azincourt, Gallimard	2013
Farrell, Keith, German Longsword Study Guide, Fallen Rook	2013
Forgeng, Jeffrey L., The Medieval Art of Swordsmanship, Chivalry Bookshelf	2003
Gaugler, William M., The Science of Fencing, Laureat Press	1997
Geslan, Joël, Le Combat Médiéval, Autoédition	1996
Gies, Frances, Le chevalier dans l'histoire, Les Belles Lettres	2021
Hartley, Dorothy, Medieval Costume and How to Recreate it, Dover, New York	2003
Jaquet, Daniel, Combattre au Moyen Age, Arkhé	2017
Jaquet, Daniel, L'art chevaleresque du combat, Alphil	2002
Joseph-Renaud, Jean, Leçons d'escrime pour le duel, Ensiludium	2024
Kleinclausz, Arthur, Charlemagne, Tallandier	1977
Lacaze, Pierre, En garde, Gallimard	1991
Lacaze, Pierre, Histoire de l'escrime, Plein Chant	2009
Mondschein, Ken, The Knightly Art of Battle, Getty Publications	2011
Monestier, Martin, Duels, Sand Paris	1991
Oakeshott, Edward, A Knight and his Armour, Dufour	1999
Oakeshott, Edward, A Knight and his Weapons, Dufour	1997

Oakeshott, Edward, Records of the Medieval Sword, Boydell Press	1991
Oakeshott, Edward, The Archeology of Weapons, Dover, New York	1996
Pommerolle, Jean-Luc, Cours d'Escrime Médiévale, Autoédition	1996
Richardot, Philippe, Végèce et la culture Militaire au Moyen Age, Economica	1998
Rogge, Jörg, Killing and Being Killed, Bielefeld	2017
Tobler, Christian H., Fighting with the German Longsword, Chivalry Bookshelf	2004
Tobler, Christian H., Secrets of German Medieval Swordsmanship, Chivalry Bookshelf	2001
Violet-Le-Duc, Eugène, Encyclopédie médiévale, Inter-Livres	1978
Weinecke, Jürgen, Sportanatomie, Erlangen	1994
Encyclopédie des Armes, Gründ	1993

LE THEATRE, LE COMBAT AU SPECTACLE

Bac H. Tau, Escrime artistique, Thepsis	2007
Boughn, Jenn Zuko, Stage Combat, Allworth Press	2006
Bouisson, Veronique, Duels en scène Revue N°1	2003
Bouisson, Veronique, Duels en scène Revue N°2	2004
Brooks, Peter, Der leere Raum, Alexander Verlag	1983
Girard, Anthony, Actors on Guard, London	1997
Heddle-Roboth, Robert / Marciano, Daniel, De l'épée à la scène, Thespis	2005
Hobbs, William, Fight Direction, London	1995
Hobbs, William, Stage Combat, New York	1980

Howel, Jonathan, Stage Fighting, Norfolk	2008
Kamm, Walter, Theaterspiel Fechten, Meyer & Meyer	1994
Lane, Richard, Swashbuckling, New York	1998
Letainturier-Fradin, Gabriel, Le Théâtre Héroique, Flammarion	1914
Palvadeau, Michel, Guide pratique escrime artistique, (L'escrime à deux armes), Emotion primitive	2013
Patrouix-Gracia, Olivier, Traité de combat médiéval, Budo Edition	2006
Pavis, Patris, Dictionnaire du Théâtre, DUNOD	1996
Promard, Jean, Escrime de spectacle, Archimbaud	1993
Roque, Eugénio, L'escrime pour l'acteur, Coelho Diaz	2011
Strider JR., James D., Techniques and Training for Staged Fighting, New York	1999
Suddeth, J.Allen, Fight Directing for the Theatre, Portsmouth, NH	1996
Ullmann, Volker, Fechten für Theater, Film und Fernsehn, Noetzel	2002

Liste des images

Certaines images ont été retravaillées avec un programme IA

PAGE
- Dédicace ©H.Michael Müller-Hewer
- 26 MSS I.33. Royal Armouries/Leeds, CC BY 4.0
- 27 Thalhoffer, Hans – Fechtbuch von 1467 – BSB Cod.Icon. 394a
- 28 Carte du sud de l'Allemagne, Suisse et nord d'Italie
- 29 ©H.Michael Müller-Hewer
- 31 MSS I.33. Royal Armouries/Leeds, CC BY 4.0
- 32 MSS I.33. Royal Armouries/Leeds, CC BY 4.0
- 33 Peter von Danzig, Cod. 44 A 8, MS 1449, Bibliotheca dell'Academica Nazionale dei Lincei e Corsiniana
- 34 Flos Duelatorum. Novati
- 35 - 38 Thott 290 2° - Meister Hans Thalhofer: Alte Armatur und Ringkunst
- 39, 40 Opus Amplissimum de Arte Athletica (MSS Dresd. C.93/C.94),
- 41, 42 Gründtliche Beschreibung der freyen Ritterlichen unnd Adelichen kunst des Fechtens, Joachim Meyer, Strasbourg 1570
- 45 Oakeshott, épée 12ème au 14ème siècle
- 46 Epée francque
- 47 Sections de lames
- 48 Panzerstecher à lame triangulaire
- 55 Théâtre de Châtellerault/France, ©H.Michael Müller-Hewer
- 57 ©H.Michael Müller-Hewer

59	©H.Michael Müller-Hewer
60	Arènes de Lutèce/ Paris
62	FUROR ET FERRUM, Pavone Canavese 2012, ©H.Michael Müller-Hewer
65	Klingenmuseum Solingen 1996, ©H.Michael Müller-Hewer
67	Pieter van der Heyden, Avaritia (Netherlandish, ca. 1525–1569)
69, 77	Gloire et Défaite, Chinon 2001, ©H.Michael Müller-Hewer
71	La Chanson de Roland – la bataille de Ronceveaux, Avignon 1991, ©H.Michael Müller-Hewer
77	Thott 290 2° - Meister Hans Thalhofer: Alte Armatur und Ringkunst
103	©H.Michael Müller-Hewer
105	©H.Michael Müller-Hewer
106	©Céline David
110 - 112	©H.Michael Müller-Hewer
115 - 119	©H.Michael Müller-Hewer
120	CLADIO – Latène 2010, ©H.Michael Müller-Hewer
124	Meyer, manuscrit "de Lund" (MS A.4°.2) 1560
125, 126, 128	Gründtliche Beschreibung, der freyen Ritterlichen unnd Adelichen kunst des Fechtens, Joachim Meyer, Strasbourg 1570
139	©H.Michael Müller-Hewer
141a	©H.Michael Müller-Hewer
141b	Glaive romain
142	©H.Michael Müller-Hewer
143a	Epée longue à deux mains
143b	©H.Michael Müller-Hewer
144 - 148	©Céline David
154	©H.Michael Müller-Hewer
159a	Bâton de Joinville
159b - 163	©H.Michael Müller-Hewer

165 – 167	©H.Michael Müller-Hewer
168	Tapisserie de Bayeux
169	Violet le Duc
171	Violet le Duc
172 - 175	MSS I.33. Royal Armouries/Leeds, CC BY 4.0
181	Opus Amplissimum de Arte Athletica (MSS Dresd.C.93/C.94)
182 - 185	Thott 290 2° - Meister Hans Thalhofer: Alte Armatur und Ringkunst
187	1455. L'histoire de Olivier de Castille et de Artus d'Algarbe
188	©H.Michael Müller-Hewer
189 - 191	MS KK5012, Kunsthistorisches Museum Wien, Österreich
192 - 195	©H.Michael Müller-Hewer
200 - 203	Codex Wallerstein, Cod.I.6.4°.2, Universitätsbibliothek Augsburg, Germany
205	La Hofjagd- und Rüstkammer Wien, ©H.Michael Müller-Hewer
206	FUROR ET FERRUM, Pavone Canavese 2014, ©H.Michael Müller-Hewer
208 - 209	Thott 290 2° - Meister Hans Thalhofer: Alte Armatur und Ringkunst
210 - 211	Nozeroy 2005, ©H.Michael Müller-Hewer